本著作获西安财经大学学术著作出版资助

基于西部农户收入质量视角的

金融支持政策
改进及评价

IMPROVEMENT AND EVALUATION OF
FINANCIAL SUPPORT POLICIES FROM
THE PERSPECTIVE OF THE QUALITY OF WESTERN FARMERS' INCOME

邓 锴 —— 著

经济管理出版社
ECONOMY & MANAGEMENT PUBLISHING HOUSE

图书在版编目（CIP）数据

基于西部农户收入质量视角的金融支持政策改进及评价 / 邓锴著. -- 北京 ： 经济管理出版社， 2024.

ISBN 978-7-5243-0033-5

Ⅰ. F832.0

中国国家版本馆 CIP 数据核字第 20251X7B67 号

组稿编辑：范美琴

责任编辑：范美琴

责任印制：许　艳

责任校对：王纪慧

出版发行：经济管理出版社
　　　　　（北京市海淀区北蜂窝 8 号中雅大厦 A 座 11 层　100038）

网　　址：www. E-mp. com. cn

电　　话：(010) 51915602

印　　刷：唐山玺诚印务有限公司

经　　销：新华书店

开　　本：720mm×1000mm/16

印　　张：12.5

字　　数：205 千字

版　　次：2025 年 2 月第 1 版　2025 年 2 月第 1 次印刷

书　　号：ISBN 978-7-5243-0033-5

定　　价：88.00 元

前　言

我国历年来发布的中央一号文件多次强调要运用包括金融服务在内的一系列社会力量，实现农民收入稳定增长。近年来，农村金融产品作为政府部门和金融机构参与实施乡村振兴战略的重要抓手，发挥了极其重要的作用，产品形式愈发多样化，金融支持效力日益凸显。西部地区是我国乡村振兴战略的主战场和核心突破口，一直是金融扶农助农的重点区域。西部各省份也持续实施金融支持政策，并取得了显著成效，为脱贫攻坚的顺利完成和乡村振兴战略的纵深推进奠定了坚实基础。

准确把握西部农户收入特征，并制定和实施更加具有针对性的金融支持政策，是提升金融服务农村经济发展效率的有效途径之一。然而，在当前能够查阅到的大多数已有研究中，更多关注农户收入数量，对于农户的收支状况、收入波动、不同收入来源构成、成本—收入比以及在收入获取过程中所体现出的知识技能含量等收入质量特征的关注度则略显不足。通过农户收入质量视角对金融支持政策进行相关研究和分析，有助于丰富和改进我国金融支持政策，对持续提高我国农户的收入水平、实现农村农业现代化、防止农户返贫等社会问题具有理论和实践意义。基于此，本书将农户收入质量概念引入金融支持政策改进及评价的相关研究中，借鉴已有的农户收入质量研究，聚焦西部农户收入的充足性、增长性、结构性、成本性和知识性五个维度特征，分析贷款发放、农业生产保险以及通过为当地企业提供融资优惠政策推动当地产业发展进而帮助农户提高收入的金融支持政策等措施对于农户收入质量各维度的影响，并根据实证研究结果，对当前的金融支持政策做出评价，在此基础上提出相应政策建议。

本书遵循"落实金融支持政策—农户收入质量提高—农民增收成果更加巩固—乡村振兴战略纵深推进"的良性循环视角，探讨金融支持政策对西部农户收入质量的影响。研究内容由以下四部分构成：第一部分为研究基础，由第1章、第2章组成。包括研究背景、研究意义、研究目标、研究方法、可能的创新点、相关理论与文献回顾及金融支持政策现状等。第二部分为西部农户收入质量概述，即第3章的内容。包括运用国家公布的相关统计数据对西部农户收入质量的充足性、增长性以及结构性维度现状进行梳理和分析，通过收集相关资料对西部农户的成本性和知识性特征进行描述和刻画，并进行归纳总结。第三部分为实证研究，由第4章、第5章、第6章组成，以前述章节论述的相关理论及西部农户收入质量、西部省份金融支持政策梳理为基础，运用课题组于2022年获得的实地调研数据，分析探究金融支持政策对于西部农户收入质量的实际影响。主要包括三方面：一是综合应用理论分析、交叉统计分析、计量分析等方法，分析贷款发放和农业生产保险两类直接金融支持业务对于西部农户收入质量的影响。二是从农户收入质量角度，探讨其信贷需求的影响因素，为农村金融政策尤其是贷款政策在农村地区扎下根、施展开提供参考，并对当前金融支持政策进行评价。三是借鉴理论界相关研究成果，综合应用理论分析、访谈研究、资料收集等，讨论间接金融支持政策对于西部农户收入质量的外部性影响，并进行评价。第四部分为结论与对策，即第7章的内容。在总结之前章节主要研究成果的基础上，凝练本书研究结论。同时，围绕研究过程中发现的问题，从促进金融支持政策带动农户收入质量提升视角，提出政策建议。

本书得出以下主要结论：农户高度认可党的金融支持政策；在金融支持政策中，贷款发放能够对农户收入充足性、增长性和知识性起到显著作用，农业生产保险则暂时对农户收入质量各维度没有显著影响；帮助企业成长、促进当地产业发展的金融支持政策，能够对农户收入质量各维度产生正向外部性影响；西部各省份高度重视"三农"领域的金融支持工作，西部农户收入质量有所提高，尤其是转移收入占比下降，反映出农户自主获取收入的水平有所提升；受益于产业发展，农户能够有机会实现就地就业，加之社会各界积极创造有利条件，减轻农户收入获取过程中的各项负担，收入成本占总收入比例维持在较低水平，但农户收入质量其余各维度仍有提升空间。据此提出关注农户收入质量、将收入质量纳入授信体系并进一步满足农户贷款需求、推动农业生产保险由"保成本"向"保价格"转变、进一步提高金融知识宣传力度、扩大金融支持政策受众群体、加强监控相关企业利润分配、切实保障农户收益等对策和建议。

在本书付梓出版之际，要特别感谢接受调研的农民朋友，以及西安财经大学研究生赵丹、屈兰晨、杨茗涵和柏聪的辛勤付出。

目 录

1 绪论

1.1 研究背景

1.1.1 中国式现代化建设扎实推进

在 2021 年的全国脱贫攻坚总结表彰大会上，习近平总书记指出，8 年来，中央、省、市县财政专项扶贫资金累计投入近 1.6 万亿元。在党的关怀下，通过国家政策的大力支持和社会各界的共同努力，我国最终在脱贫攻坚上取得了历史性突破。

2020 年 11 月 23 日，随着贵州省宣布剩余的 9 个贫困县退出贫困县序列，我国 832 个贫困县全部摘帽，现行标准下 9899 万农村贫困人口全部脱贫。2021 年，国务院新闻办公室发布《人类减贫的中国实践》白皮书，从报告中可以观察到 2013 年贫困地区农村居民人均可支配收入为 6079 元，而 2020 年贫困地区农村居民的人均可支配收入已超过 12000 元，约 2013 年平均水平的两倍，农户的收入得到大幅度提高。与此同时，"两不愁三保障"的目标也圆满实现，自 2013 年以来，近 800 万户农户告别危房，住上了有保障的安全房。通过对农村饮水工程进行改造和升级，解决了 2889 万贫困人口的饮水安全问题。各类大病保险、医疗保险的普及，也解决了众多农户看病难、看病贵的问题，大大降低了农民因病致贫、因病返贫的可能性。九年义务教育的普及率也大大提高，截至 2020 年，义务教育已覆盖全国 94.8% 的贫困县，约 10.8 万所义务教育薄弱学校得到改造，农村贫困家庭子女义务教育阶段辍学的问题基本得到解决，所有适龄儿童均可接受义务教育，这不仅为其今后获得稳定性收入来源奠定了基础，同时也提升了社会整体的文化素质水平。随着脱贫攻坚战的顺利进行，农村的基本面貌也发生了翻天覆地的变化，基础设施得到了明显的改善，长期以来困扰农村发展的通行难、通信难、水电难等问题得到了彻底的解决，农村基础设施建设的短板得到了补齐，制约农村经济发展的瓶颈也得到了突破。

1.1.2　西部农户收入稳步提高

伴随着我国贫困问题的彻底解决，推动乡村振兴已成为国家重点关注的问题之一，并且被列为"十四五"期间的主要任务。党的十九届五中全会明确提出要持续巩固拓展脱贫攻坚成果，不断提高农户的收入可持续增长能力。2021 年的中央一号文件再次提出，要持续巩固和拓展脱贫攻坚成果，这对我国现阶段的"三农"工作方向提出了新的要求。与此同时，国际大环境的形势也日益严峻，国际贸易流通不顺畅，众多涉外投资企业的业务都被暂时搁置，根据世界银行发布的《全球经济展望》，2020 年世界经济处于 75 年以来衰退最为严重的时期，经济总量严重萎缩。

面对如此严峻复杂的国内和国际环境，巩固我国目前已取得的脱贫攻坚成果成为现阶段工作的一项重要的研究课题，我国及时制定了各类相关政策、采取了多种相关措施进行应对，例如，进一步盘活农村土地资产，增加对农村公共基础设施建设的专项补助，加快改善农村整体面貌，吸引越来越多的农村青壮年劳动力投入到当地的经济文化建设，为农村地区的经济繁荣发展提供人员储备，积极为有条件的农户提供大量的工作机会，通过增加农户的工资性收入来达到提高农村家庭整体收入的目的。2021 年，人力资源社会保障部、国家发展改革委、财政部、农业农村部、国家乡村振兴局联合发布《关于切实加强就业帮扶巩固拓展脱贫攻坚成果助力乡村振兴的指导意见》，该意见提出要巩固脱贫攻坚成果，就要以就业为着手点，增强农户的就业意愿，积极为农户提供就业指导，培养农户形成专业的生产生活技能，最终帮助农户获得持续、稳定的各类收入，为巩固脱贫攻坚成果提供基本措施；继续充分发挥产业振兴的"造血"功能，因地制宜、分类施策，从县域、村域整体出发，结合实际、放眼未来，探索最适合当地经济发展的产业模式。与此同时，增强农村农户对产业振兴这一举措参与的积极性，激发农户对增收的内在积极性，让他们主动参与到产业振兴中去，使农户的增收模式从依靠政府的补贴扶持逐渐过渡到依靠自身的专业技能，鼓励高收入农户带动普通农户，号召有经验、有技术的致富能人发挥增收致富的示范带头作用，让每个有意愿且有能力的农村家庭都能拥有自己的一技之长，从而从根源上改善农户的收入现状、解决农户增收问题，为农村地区经济的复苏和发展提供助力。

1.1.3　乡村振兴战略的现实呼唤

2020 年 11 月，我国顺利地完成了脱贫攻坚任务，揭开了我国发展的新篇章。借鉴历史经验，"三农"问题一直是我国重点关注的问题，农村的经济发展状况也是国家经济发展的重点关注方面，农户收入的变化将直接影响农村经济的发展，农村经济的发展更将直接影响我国整体经济的发展状况。为了顺利实现我国制定的"两个一百年"奋斗目标，消除农村经济发展缓慢这个短板，多年来我国一直致力于采取多种方法和措施来帮助农村经济快速发展。

乡村振兴战略为我国农村经济的进一步发展指明了方向。早在 2017 年 10 月，习近平总书记在党的十九大报告中就提出了乡村振兴战略，指出要坚持农业农村优先发展，按照产业兴旺、生态宜居、乡风文明、治理有效、生活富裕的总要求，建立健全城乡融合发展体制机制和政策体系，加快推进农业农村现代化。2018 年的中央一号文件再次提出乡村振兴，并对乡村振兴战略的具体实施进行了全面部署。2018 年 9 月，中共中央、国务院印发《乡村振兴战略规划（2018-2022 年）》，指出到 2020 年，各地区基本形成乡村振兴的制度框架和政策体系，顺利实现全面建成小康社会的目标；到 2022 年，初步健全乡村振兴的制度框架和政策体系，取得乡村振兴的阶段性成果。当下，我国已顺利完成全面建成小康社会的历史目标，初步取得了乡村振兴战略的部分成果，正在向建立成熟的乡村振兴体系迈步。2021 年 3 月的《政府工作报告》明确提出要巩固拓展脱贫攻坚成果同乡村振兴有效衔接，这是实现我国农业农村现代化、农村经济快速发展的重要立足点。目前农民的收入水平较以前虽然已经有了较大的提升，但是还不稳定，部分刚脱贫的农户收入水平与其他农户相比还存在较大的实际差距，所以如何缩小收入差距、帮助建立农户稳定增收的长效机制是推动巩固脱贫攻坚成果与乡村振兴有效衔接的重要任务之一。在脱贫攻坚取得全面胜利的背景下，我国正在逐渐转变农业领域工作的重心，加快实现农村农业的现代化，力求将脱贫攻坚的成果转变为实现乡村振兴的前提优势，在消除绝对贫困的前提下，进一步巩固脱贫攻坚成果，达到改善和提升农村农民收入状况的最终目的。

巩固脱贫攻坚成果与全面实现乡村振兴，两个战略在政策上是相辅相成的，巩固脱贫攻坚成果是实现乡村振兴的前提和基础，实现乡村振兴是巩固脱贫攻坚成果的最终目的。两个政策之间的衔接连贯与否，关系着我国是否能够如期实现农村农业现代化发展目标。在这一转变过程中，金融政策的合理过渡和衔接扮演着极其重要的角色，它是实现农户收入水平的提高和乡村振兴战略目标的必然要求和重要支撑。2019年2月，中国人民银行、银保监会、证监会、财政部、农业农村部五部门联合发布《关于金融服务乡村振兴的指导意见》，提出要坚持农村金融改革的正确发展方向，建立健全适合乡村振兴发展的金融服务组织体系，推动乡村振兴多样化发展。2021年，中国人民银行、银保监会、证监会、财政部、农业农村部、乡村振兴局联合发布《关于金融支持巩固拓展脱贫攻坚成果 全面推进乡村振兴的意见》（银发〔2021〕171号），该意见指出，农村金融服务工作要继续支持巩固和拓展脱贫攻坚成果，持续提升金融服务乡村振兴的能力和水平。要因地制宜，根据各地区的实际发展水平去优化农村金融服务、调整金融帮扶政策，建立健全农村的金融保障体制，逐步实现金融服务的均等化，最终达到金融服务乡村振兴的目的。

习近平总书记在全国脱贫攻坚总结表彰大会上提出：脱贫摘帽不是终点，而是新生活、新奋斗的起点。全面实施乡村振兴战略，进一步丰富农村地区的经济发展形式，鼓励农民积极参与乡村振兴的进程，使农民真正当家作主，成为乡村建设的主人公，从而为农村的经济发展注入更大的活力，为农村农业的可持续发展提供助力。

1.2　研究意义

1.2.1　理论意义

我国正处于从巩固脱贫攻坚成果向全面实现乡村振兴过渡的关键时期，农户的生活状况得到了很大的改善，收入水平也得到了较大幅度的提高，但是目前对于农户收入水平的衡量仍处于一个单方面的从"量"出发的衡量，还未能形成一个整体而全面的能从农户收入的各个维度出发的衡量标准。在我国农村经济发展转型的关键时期，急需一个注重农户收入综合性衡量的指标体系来对我国"三农"工作的相关成果进行评价。收入质量概念的提出为农户收入的改善程度和农村经济的发展程度提出了一个更完善、更全面的衡量标准，它从收入的充足性、增长性、结构性、成本性和知识性五个维度出发对农户收入的各个特性进行描述，在一定程度上弥补了现阶段由于只考虑收入数量所带来的局限性。在全面实施乡村振兴战略的道路上，金融支持政策的有效实施是保证战略目标实现的重要途径，所以以农户的收入质量为视角，对金融支持政策进行改进的相关研究和分析，有助于丰富和拓展国家金融支持政策的研究范围，具有重要的理论意义。

对收入质量视角下的金融支持政策进行改进及评价的相关研究，可以为丰富金融支持政策等方面的学术问题提供一定的帮助，并能够促进政府积极改善农村的金融服务环境，通过增设金融机构在农村的服务网点数量、创新金融机构的产品服务类型来增强政府对金融机构支持农村经济发展的政策导向力度，提高金融机构对农村经济发展的参与度，充分调动政府、金融机构以及农户三方参与者的积极性和主动性，共同为农村经济实现快速发展努力，为农村经济的发展创造活力，继而实现金融帮扶农户增收与农村发展，进一步帮助农户和金融机构对收入质量形成更加充分的认识，逐步完善金融机构在农村地区的金融服务体系，加大对农村基础设施建设的支持和帮扶力度，提高金融机构的资源使用效率，改善社会的收入分配结构，逐步缩小城乡收入差距，为全面实现乡村振兴提供一定的理论和政策依据。

通过对收入质量与金融支持的相关研究，可以为其他学科领域的研究提供参考。农户收入质量、金融支持等问题，不仅是经济学的研究范畴，更涉及管理学、金融学、社会学、心理学等学科的内容甚至多种学科交叉融合内容，在进行交叉学科的相关研究时，研究的难度往往比单一学科的难度更大。因此，以收入质量为切入点进行研究可以为金融支持、金融服务等相关研究提供新的思路，也可以为农村经济发展环境的改善，以及农村农业的现代化、产业化发展带来相当有益的学术启发。

1.2.2 现实意义

受益于持续多年的改革开放，我国农村经济发展迅速，农民收入也呈现出多元化、多样性的特点，农民的收入来源不再局限于传统的务农收入，工资性、财产性收入在农户的家庭收入中逐渐占据越来越大的比例。然而农户在收入提高的过程中，也面临着收入不确定和不稳定所带来的多种风险，所以对农户收入的各类特征进行全面的考察是保障农村经济发展的重要环节。正如前文所言，我国正处于持续巩固脱贫攻坚成果到全面实现乡村振兴的过渡时期，其中金融支持政策的有效承接是实现这一转变的重要保证，因此需要继续深入开展金融支持工作，结合地区的经济发展特点，因地制宜，大力创新特色金融支持产品，加强各地区金融机构主体之间的有效合作，从而增强金融支持产品的针对性、提高金融支持政策的精准性，这不仅可以优化农村金融机构的生态环境，还能更加充分地发挥金融政策对农村经济发展的支持作用，对我国全面实现乡村振兴战略具有极其重要的现实意义。

农村一直是我国经济发展最具潜力的地区，农民也一直是我国最具消费潜力的群体之一，充分地发掘农民的消费潜力，能够最大限度地帮助农村取得经济的快速发展。农户收入质量的提高是刺激农户消费、发展农村经济的前提保障，只有农户自身的收入质量得到提高，他们才能有余力投身于农村整体的经济建设之中。而有效的金融支持政策则是保证农户收入质量得以提升的重要途径，因此应根据各地区经济的实际发展情况，对金融支持政策加以改进，并对不同发展状况的地区实行分类施策、分类管理，建立更加健全的金融支持政策，优化金融支持的服务模式，扩大农村金融服务的覆盖面，提高金融机构对农村地区的服务效率，为接下来乡村振兴战略目标的实现提供助力。

在前期的脱贫攻坚历程中，我国的金融支持政策已经针对不同地区的不同特点进行了相应的调整，使之成为我国取得脱贫攻坚的全面胜利和消除绝对贫困这一历史性成就的最大助力之一。但随着我国国情的变化，"三农"工作的重点任务已经逐渐从巩固脱贫攻坚成果过渡到全面实现乡村振兴战略，工作重心的转变意味着金融支持政策也要做出相应的转变，即要保证转变前后政策衔接的有效性，对已经不适应现阶段工作任务的相关政策及时进行调整和改进，以确保下一阶段目标如期实现。一方面，金融机构可以通过提供信贷支持来直接提升农户的收入质量。通过加大对农村农民的信贷支持力度，可以帮助农户获得更多的资金来源，为农户之后从事经济生产活动提供资金保障。主要可以通过实施恰当的金融优惠或减免政策，适当放宽对农户创业贷款、产业贷款、就业贷款等相关方面的条文限制以及创新金融支持相关保险产品，以达到进一步减轻农村农户为取得经济的发展所承担的财政经济压力的目的，从而激发农民参与当地经济建设的积极性和主动性，最终促进农户收入质量和农村经济发展的同步提高。另一方面，金融机构可以通过提高金融服务的质量来间接提升农户的收入质量。主要是可以通过为当地企业提供融资服务，带动促进当地企业发展，为农户创造更多的工作机会，同时可以吸引更多的农村农户留在当地，使金融支持政策在农村的接受度大大提升，进而影响农户收入质量。通过宣传、讲座等方式使金融支持政策真正走入农民家中，为农村的经济发展提供助力，与此同时，提高金融工具的使用率，增强农户对金融机构的信任感和提高其对金融支持政策的接受度，使金融支持政策真正落在实处，为农户收入的增长和农村经济的发展做出贡献。基于此，本书的研究具有非常显著的现实意义。

1.3 研究目标

1.3.1 为提高农户收入提供新思路

经过几十年的努力，我国已经实现了在现行标准下农村人口全部脱贫的历史性成就。但随着全球经济下行，一部分已脱贫但尚未形成长期稳定的生产模式和收入来源的农户又面临着重新返贫的可能性，只有准确地识别有可能导致不同情况农户返贫的具体原因、了解农户在生活中所面临的具体困境，才能对不同的问题进行分类施策，做到有针对性地防止返贫现象的发生。金融机构是帮助农村经济取得快速发展的重要参与者之一，在我国农村经济的发展过程中一直扮演着非常重要的角色，其政策的施行对我国农村经济的发展具有非常显著的正向影响，所以在当前国内和国际环境发生变化以及各类自然灾害频发的背景下，对现阶段我国的金融支持政策进行适当的改进，使之更适应当前的经济发展形势，是促进我国农户收入增长、防止农户返贫的一项重要举措。

以农户的收入质量为视角进行研究，为我国金融支持政策的改进提供了一个新的思路。对金融支持政策的改进可以以农户收入的充足性、增长性、结构性、成本性和知识性五个维度为出发点，针对不同地区农户收入的不同特性，对金融支持政策进行更有针对性的改进，使政策更加贴合农户发展的现实需求。例如从收入增长性的角度看，对自然灾害频发的地区应更加注重农业保险支持体制的健全，对农民实行保费补贴和保费减免等优惠性政策，鼓励全村参保、全员参保，力求在最大程度上帮助农户降低因灾返贫的风险，从而保证农户收入增长的稳定性。通过对农业生产理念进行专业系统的学习，农民可以更加充分地把握我国未来农业生产产业化、农业生产现代化的发展目标，努力将自己培养成适应农业发展方向的专业型人才，这不仅可以增强农户收入的知识性，帮助未来其知识性收入的增加，在一定程度上也降低了农户的求职成本，减轻了农户家庭的负担，对农户收入成本性的稳定降低起到正向作用。支持农民积极参与各类经济活动，增加其收入来源的多样性，降低因发生极端风险而导致农户重新返贫、致贫的可能性，增加农户收入的稳定性。除了政府支持的金融支持政策外，金融机构自身也要创新各类金融支持产品，充分发挥金融信贷产品的作用，以期为农户收入的各个特性提供全方位的保障。本书从一个崭新的角度——农户收入质量出发，对各类金融支持政策进行改进及评价研究，以期从一个新的方向为防止农户返贫提供切实可行的政策建议。

1.3.2　进一步发挥农村金融作用

近 20 年来，我国历年发布的中央一号文件均强调农村经济发展的重要性，要求大力解决每个具体时期所面临的"三农"问题，提出了适合我国农村现状和我国国情的农业、农村、农民发展战略，其中大力发展农村金融是保障农民持续增收和促进农村经济长期稳定发展的重要方法之一。2015 年，《中共中央 国务院关于打赢脱贫攻坚战的决定》发布，明确提出在当时脱贫攻坚仍是我国全面建成小康社会最艰巨的任务，要继续坚持建立健全精准扶贫工作机制，坚持政府主导、社会力量加入，强化政策保障，大力发展特色产业脱贫。2017 年，习近平总书记在全国金融工作会议上强调要建设普惠金融体系，加强对小微企业、"三农"和偏远地区的金融服务，推进金融精准扶贫，确保在新形势下金融继续支持农村地区取得经济发展。2019 年，中国人民银行、银保监会、证监会、财政部、农业农村部联合发布《关于金融服务乡村振兴的指导意见》，明确提出要切实加大金融资源向乡村振兴重点领域和薄弱环节的倾斜力度，增加农村金融供给，同时完善货币政策、财政支持、差异化监管等政策保障体系，提高金融机构服务乡村振兴的积极性和可持续性。2020 年 12 月 28～29 日，中央农村工作会议在北京召开，习近平总书记在讲话时强调，我国要继续坚持全面推进乡村振兴战略，加快实现农村农业的现代化，促进农业高质量发展。

农村不仅是我国经济发展的重要基地，也是我国金融发展最为迅速、最具潜力的地方，国家经济的发展情况在很大程度上取决于农村经济的发展情况。近些年随着我国城镇化进程的加快，虽然农村人口开始向城市流入在一定程度上缓解了农村经济发展缓慢的问题，但目前农村人口基数仍然较大，农村是否能取得长期稳定的发展仍是影响我国整体经济发展水平的一个重要因素。农村金融快速发展也为我国农村经济的发展提供了源源不断的动力支持，2015 年的中央一号文件首次提出对农村金融的具体工作开展进行立法规定，这从法律意义上对农村金融发展的重要性进行说明，明确了金融对支持农村经济发展的重要作用。随着我国全面脱贫攻坚工作的完成，我国制定了乡村振兴战略作为"三农"工作重心。全面推进乡村振兴战略，农村金融在其中发挥着强力的支持作用，也成为实现全面乡村振兴战略的关键引擎。实现乡村振兴战略的总目标是实现农业农村的现代化、产业化发展，这不仅是调整农业生产方式、生产结构和生产模式的重要途径，也是世界农业未来的发展趋势，实现农业现代化、产业化生产离不开资金的支持，但是目前资金短缺的现状仍是限制农村发展的重要原因之一，因此要大力发展农村金融，创新金融支持产业发展的新产品、新模式。依据各地区的经济发展形势和优势特征，建立健全农村金融保障体系、激活农村金融服务的活力、推进农村金融支持体系改革，走金融支持农业发展的道路是解决当前"三农"问题的最佳途径。

传统金融机构的信贷模式已经不能满足农业产业化、现代化发展的需求，农民借款难、融资难的问题日益突出。在全面巩固脱贫攻坚成果和实施乡村振兴战略的背景下，改革金融服务支持政策的发展模式，是保证目标实施的重要途径之一。针对不同地区的经济发展现状，创新各类金融产品，有序地将信贷、保险、租赁和担保等业务结合起来，对各类金融产品实施精准定价，适当放宽对农户贷款及信托的发放界限，完善资金流向的监控体系，提高信托资金的使用效率，使金融真正融入农村，真正为农村的产业化、现代化发挥作用。随着"三农"问题发展重心的转变，从全面巩固脱贫攻坚成果逐步转变为推进乡村振兴战略，对应地，我国各地的金融支持政策也需要跟随发展目标的转变进行相应的调整，各地农村的经济发展基础水平不同，优势产业也不同，金融支持政策的改进应结合各地区的具体情况，尤其是农户收入质量状况，制定最符合当地农村产业发展的金融政策，为了保证两阶段发展目标衔接的有效性，在调整和改进原有金融支持政策的基础上，也要注意创新金融支持政策形式，使金融服务产品更加具有普惠性和多样化，将传统与创新相结合，提高金融支持政策的政策效用，进一步发挥我国农村金融的支持作用，为我国经济的发展注入活力。

1.3.3　为其他国家提供经验

现阶段，提高农户收入仍是全球众多国家所面临的严峻挑战。农户收入不高严重阻碍了许多国家尤其是发展中国家的进一步发展，脱贫减贫问题成为世界共同面对的重大课题。2020 年 11 月，我国顺利完成全面脱贫攻坚的任务，成功地解决了"绝对贫困"这个历史性难题，提前 10 年完成了《联合国 2030 年可持续发展议程》中所规定的减贫目标，成为世界上第一个完成减贫脱贫的发展中国家。我国成功减贫脱贫的经历不仅为我国下一阶段发展目标的实现奠定了基础，还为世界上其他经济欠发达国家脱离贫困、实现乡村振兴提供了经验借鉴。我国基于国情所探索出来的独特的社会主义减贫道路，以实际行动证明了贫困问题并不是不可克服的，这不仅为全球的贫困治理问题提供了中国智慧和中国方案，也为世界的减贫事业贡献了中国力量，在整个人类社会发展的进程中都具有重大的意义，揭开了人类社会史上崭新的一页。当前在经济形势下，我国农村地区的发展也暴露了许多问题。农户的收入来源受到了很大的限制，具体表现为农民工的就业问题突出、农产品的滞销问题明显、传统农业生产模式弊端凸显，这些问题都严重影响着我国农村的经济发展进程。面对以上问题，我国政府及时采取多项措施保证农户就业、开通绿色通道保证农产品运输通道的通畅、利用金融政策帮助传统的农业生产模式进行创新，帮助农户拓宽收入渠道，稳定收入质量，防止农户的收入水平重新降到贫困线之下。从收入质量角度进行乡村振兴和脱贫成果巩固，进一步激发农村金融潜能，为全球的乡村振兴治理提供了新的思路，为世界上其他国家提供了经验借鉴。

1.4　研究方法

1.4.1　文献分析法

笔者通过网络、图书馆等相关渠道查阅了大量的相关文献，对国内外关于农户收入质量、金融支持政策、金融支持改进及评价等的相关文献进行了回顾和梳理，总结了在全面完成脱贫攻坚、历史性地解决绝对贫困问题的时代背景下我国实施的金融支持政策的效果。同时针对我国"三农"工作新的发展要求，分析现有金融支持政策的不足之处，并通过文献资料的阅读，更加细致地把握现阶段工作的特点，以及认识到在全面实施乡村振兴战略、实现共同富裕等目标过程中可能遇到的问题并寻求解决方法。对本书的相关理论基础如农户收入质量理论、金融支持理论加深了认识，并以此为基础作为本书的改进方向，为本书较为全面地梳理我国西部地区农户的收入质量现状和金融支持现状提供了理论基础，为以提高农户收入质量、促进农村实现乡村振兴为目标的金融支持政策的改进提供了研究方向。

1.4.2　定量分析法

本书在测度我国西部农户的收入质量和金融支持的政策措施时，从收入的充足性、增长性、结构性、成本性以及知识性五个维度对我国西部农村农户收入的多维特征进行分析，从针对农户开展的涉农贷款、农业生产保险以及针对当地企业的金融优惠政策三个方面对西部农村的金融支持政策服务体系进行讨论。在进行具体实证分析时，通过构建二元 Logistic 模型、有序 Logistic 模型等，对金融支持如何影响农户收入质量进行了探讨，并根据实证分析的结果，结合我国农村现阶段的主要任务和发展现状，对关于促进我国西部地区农户收入质量提高的金融支持政策的改进方向和具体措施提出相关的意见和建议。

1.4.3　案例分析法

本书参考专家意见，在分析涉农贷款、农业生产保险以及间接金融支持（即希望利用金融手段支持当地企业发展，进而带动农户收入提升）对于农户收入质量的影响时，整理分析了我国西部省份农户的收入水平以及各地区不同金融支持政策的具体细则和实施情况，得出在脱贫攻坚以及乡村振兴背景下，西部各省份对于发挥金融手段促进农户增收工作非常重视，纷纷出台多项金融支持政策，以及我国农户收入质量有较大幅度增长的结论。但已有的宏观数据难以直接用在金融支持政策对于农户收入质量影响的计量分析中，为保证研究质量，课题组选取陕西省 Q 县农户为主要分析对象，进行典型分析，通过相关数据的收集以及构建相应计量模型，分析金融支持对于农户收入质量的具体影响。进而对实证结果进行讨论，在此基础上对我国金融支持政策进行评价。同时在论述其他研究内容时，借鉴相关公开资料，选取西部省份一些典型案例进行分析。

1.5 可能的创新点

1.5.1 聚焦西部农户收入质量的测量

本书针对农户的经济特征，构建了新的收入质量测量量表，试图在这方面进行探索。已有的关于收入质量的相关研究，或是以收入质量其中一个维度为切入点，对农户或者农民工的信贷需求等进行研究①；或是以收入质量整体作为切入点，对农户的金融行为、创业意愿等进行分析和探讨②。无论是哪种研究，都是将收入质量作为解释变量，研究其对于农户经济、金融行为的影响，真正将收入质量尤其是农户收入质量作为被解释变量，研究其提升的相关影响因素的文献还相对较少。

1.5.2 分析金融支持政策对西部农户收入质量的影响

关于金融支持政策改进的研究一直是我国农村经济发展研究领域的热点问题，关系解决"三农"问题的具体途径和方案。多数学者指出，金融支持政策可以显著提高农户的收入数量，但是目前关于金融支持政策与农户收入质量之间的关系尚不完全清楚。本书首先对西部农户收入质量的概念进行界定，随后将其引入农村金融支持相关研究之中，通过实证分析，发现金融支持政策可

①　邓锴，霍婷洁，孔荣. 农民工收入稳定性对中西部农户信贷需求的影响 [J]. 财经论丛，2014（5）：30-36.
②　邓锴，赵丹，孔荣. 收入质量视角下西部农户创业意愿调查研究 [J]. 经济与管理研究，2020（5）：33-43.

以对收入质量的大部分维度产生显著影响。因此，在考察金融支持政策的改进路径时，本书将从提高农户收入质量方面着眼，提出相应对策建议，以求更加充分地发挥金融支持对改善农户收入状况的支持作用。

1.5.3 着眼于西部农户收入质量的提升

现有研究的对策建议，更多着眼于农户收入数量的提高。本书从金融支持的概念出发，以农户是否直接接受金融帮扶为划分点，对金融支持内容进行细分。在此基础上，借鉴金融发展理论、农村金融发展理论、金融减贫理论以及贫困与反贫困理论等相关理论，结合学术界已有研究成果，着重探讨涉农贷款、农业生产保险等直接金融支持对农户收入质量的影响，以及对间接金融支持方式，即通过出台包括金融手段等在内的一系列扶持优惠政策，带动当地企业发展，继而推动当地农户收入质量提升这一内容进行具体分析。根据分析结果，提出旨在促进农户收入质量提升的相关对策与建议。

2 概念界定、理论基础与国内外研究综述

2.1 概念界定

2.1.1 西部农户收入质量

习近平总书记强调："西部地区是脱贫攻坚的责任主体。"[①] 为保障农户切实掌握收入获取能力，避免在扶持中只注重收入数量而不考虑农户自身收入获取状况的局限性，本书借鉴学术界相关研究成果，将农户收入质量概念引入农民增收领域研究中。参考已有研究（孔荣和王欣，2013；王欣和孔荣，2014；邓错和孔荣，2016），农户收入质量包含充足性、增长性、结构性、成本性以及知识性五个维度。在具体测量时的变量设置方面，相较于其他学者对农户收

[①] 摘自习近平总书记在东西部扶贫协作座谈会上的讲话，2016 年 7 月 20 日。

入质量充足性研究时更多考量其收入与支出孰大孰小的定性研究，本书在考察农户收入充足性时更多考量其收入与支出之间具体差额数量的多少，具有定量研究的特性；同时考虑到普通农户收入质量更加看重农户收入的稳定性（邓锴和孔荣，2016），而受益于国家多年的政策扶持，收入水平较低的农户的收入近些年呈现显著增长，用侧重考察波动情况的稳定性来体现已不合适，因此用收入增长性替代收入稳定性，可着重考察农户收入增长情况；普通农户收入质量的结构性和成本性，更多地考察具体的数额，而本书在考察农户收入质量的结构性和成本性时，更多地通过在一定程度上具有保障、兜底性质的转移收入在总收入中所占比例和收入获取期间的生产生活花费与总收入之间的比例来反映，集中体现农户的自主收入获取性和收入获取效率。由于农户收入技能积累相对较少，以往针对普通农户收入知识性的测量方式可能并不合适，应进行更加深入和细致的测量。

2.1.2　金融支持政策

金融，是指资金的融通；而支持，则是指帮助农户进行生活的改善；政策，则是针对某项工作的范围，以及如何具体开展所出台的相关措施。因此金融支持政策的概念，应当是如何通过金融手段开展相关业务，来改善农户生活状况。从各地出台的相关政策来看，金融支持政策由两方面构成：一方面是金融支持业务范畴；另一方面则是实际工作中如何操作，如主要牵头部门、配合部门等。针对如何实际操作的内容，各地区、各部门的具体业务分工有所不同，实际情况也不尽一致，因此本书不做深入讨论。而金融支持业务范畴，主要包含两方面内容：一是直接针对农户的各项金融服务，如小额贷款、农业保险等；二是针对经济落后地区基础设施和相关企业的金融支持政策，如企业上市相关优惠政策、基础设施建设融资、易地扶持搬迁融资等。现实中，这两类金融支持政策对农户收入状况的影响路径存在很大差异。第一种政策是通过直接为农户提供创业资本支持或提升农户应对农业生产风险的能力，进而提升农户收入数量，改善农户收入水平。从农户角度看，此类金融支持政策的直接对象是农户自身，因此应当属于直接金融支持政策。第二种政策则是直接帮助当地企业发展，改善农户生产生活的外部环境，进而为农户就地提供就业机会。从农户角度来看，此类金融帮扶的直接对象是当地企业，通过帮助当地企业发展而带动当地农户收入增长，因此这一类金融帮扶应当属于间接金融支持政策。

2.2　相关理论回顾

本书以农户收入质量为研究对象，探究金融扶持政策对其产生的影响。为保证研究路径的正确性和研究成果的可实施性，本节对当前理论界关于农户收入及农村金融研究领域的部分理论进行简要梳理。

2.2.1　农户收入相关理论

2.2.1.1　二元经济理论

二元经济理论由美国学者刘易斯于 20 世纪 50 年代提出。该理论认为，在全球绝大多数发展中国家，其经济结构均由生产率相对较高的工业领域和生产率相对较低的农业领域构成。从收入状况来看，工人（工业领域从业人员）的收入比农民（农业领域从业人员）的收入要高。这种状况如果长期存在，必然会导致贫富差距拉大、基础设施差异等一系列经济和社会问题。因此必须尽快解决这一问题，使社会重新成为一个整体。至于解决的路径，全球大部分国家都走城市化道路，将 2/3 以上的人口聚集在几个甚至是一个大城市周围。这种做法也逐渐带来了如环境污染、人口密度过大、部分地区发展停滞等一系列问题。在中国情境下，脱贫攻坚、乡村振兴具有更加鲜明的理论和现实意义。

2.2.1.2 市场交易劣势地位理论

市场交易劣势地位理论由南美学者 Prebish 于 20 世纪 40 年代提出，也被称为"剪刀差"论，最早被应用在国际贸易当中，随后被应用于有关市场交易主体实力相关的一系列研究当中。在农户收入领域，该理论的核心观点是由于缺乏核心技术或核心资源，行为人主体在市场上可替代性高、不具有市场影响力，无法根据自身特点设计出符合自身利益的"游戏规则"，因此容易导致在市场交易中处于劣势，被动接受由强势一方制定的市场规则，因而无法保障自身利益，使收入获取效率较低。这种情况下，所在国家应积极采取相应应对措施，施行金融扶持、财政倾斜等政策帮助这部分弱势群体提升收入获取效率，并在必要的时候加强监管，从而维护弱势群体利益。

2.2.1.3 产业关联理论

产业关联理论由里昂惕夫于 20 世纪 30 年代提出。该理论强调应从产业发展角度提升包括农户在内的国内人口收入。原有的收入增长理论强调降低生产者成本，帮助生产者拓宽市场，提高劳动者生产效率等。但该理论认为，伴随着全球经济的进一步发展，各地区的经济发展越来越依赖于该地区各产业的协同发展程度。每个产业都有自己的上下游行业，只有这些产业的关联度达到一定程度，才能够有效调动当地经济发展资源，提升当地居民收入，尤其是对于生产资料过于细分的地区，这一点尤为重要。以农产品加工业为例，其上游应当是各类农产品，下游则是运输、包装等行业，如果在每个环节都要进行深入的市场了解和谈判来选择合作对象，则会耗费大量的时间和精力，也不利于生产资源的整合。但如果形成链式结构，产业间的关联性较强，则能够省去很多环节，整合资源，降低浪费。当形成较大规模后，在进一步节约成本的同时，还可以进行产业延伸，如深加工、观光农业、采摘农业等，实现与旅游业、农业的深度对接，多途径、多角度提升农户收入。

2.2.2 农村金融相关理论

2.2.2.1 信贷配给理论

信贷配给理论与金融支持工作联系紧密。信贷配给是指民众的融资需求得不到满足，使自身收入状况长期难以提升，而金融资本则被用于更加具有收益的行业，从社会角度看，造成金融资源的巨大浪费。该理论指出，由于资本的逐利性，在一些经济刚刚起飞的国家，大量资金被用于资本回报率较高的地区和行业，使广大农村地区难以获得更多的金融支持，相关企业不能升级装备和改进技术，其产品在市场上的竞争力日趋减弱。农户由于得不到外部资金的注入，导致生产效率始终在低位徘徊。这一现象的长期存在，会在一定程度上出现"马太效应"，即资本进一步向大城市、向高回报产业（需要说明的是，这里的高回报产业并不一定就是高科技产业，也有可能是低技术密集型产业）聚集，农村地区的发展将会越来越缓慢，对于农业人口较多或者粮食自给度高的国家，将会造成严重后果。为防止这类后果的发生，有关地区应出台相应政策，将金融资源引入农村地区尤其是经济落后地区，开展金融支持，利用金融手段来促进当地经济发展，提升农户收入水平。

2.2.2.2 发展中国家农村金融市场发育理论

农村金融市场发育理论认为，鉴于金融市场的活跃性和高水平金融从业者的高门槛，在很多发展中国家的信贷市场上，资金的提供方即金融中介，拥有绝对的话语权，信息不对称现象较为普遍。出于风险控制的考量，资金提供方会对贷款人的资产和收入情况进行较为严格的把控，并进行信用评级。在这种情况下，收入绝对数量不多、每月收入获取波动性大、收入获取效率较低的人群，将难以获得融资支持，无论当事人其他情况具体如何。在发展中国家，农村地区往往较为落后，农民收入状况不尽如人意，出于控制贷款风险的考虑，农村金融市场并不活跃，很多农村地区的金融机构长期只是吸纳存款，发放贷款并不积极，这使原本应当用于农村经济发展的金融资金，被源源不断地输送到城市，导致本就缺乏金融资源的农村地区"雪上加霜"。因此应对授信工作进行改进，将农户更多的特征纳入授信工作的参考因素中来，在控制金融风险的同时，使农村金融市场得到更全面的发育，氛围更加活跃，为农村金融对于当地经济发展的带动作用的发挥创造良好基础。

2.2.2.3 信用理论

信用是人类社会正常运行的重要基石。马克斯·韦伯在其著作《新教伦理与资本主义精神》中指出："信用等于财富。"我国学者黄祖辉也早在2002年就指出，当信用、契约等精神在农村地区广泛宣传，农户对于这些概念有了深切认识和体会时，我国农村金融效率将会有飞速增长，通过金融手段促进农村落后地区面貌的改进，将会成为届时促进农村经济发展的主要途径。在很多国家，由于缺乏具有价值的抵押物，农户尤其是收入水平较低的农户长期被排斥在正规金融机构的服务范围之外，导致一些地区非正规金融机构的发展极为迅猛。尽管对于非正规金融机构的作用，学术界有不同看法，但在规范性、利息合理性等方面，非正规金融机构和正规金融机构有非常大的差异，很多地区非正规金融机构的相关业务还发生过违法犯罪案件。基于此，对农户进行信用教育，开展信用贷款业务，让没有足够抵押物的农户以信用作为抵押，来享受正规金融机构服务，已经成为很多发展中国家推动农村金融工作发展的一个思路。

2.2.3 农户经济行为相关理论

2.2.3.1 恰亚诺夫模型

恰亚诺夫模型由苏联学者恰亚诺夫于20世纪30年代提出，强调农村广泛存在的以家庭为单位的生产模式，在没有条件进行机械化的前提下，家庭收入与主要劳动力年龄之间存在较为明显的相关关系，在不加控制的情况下，会导致农村地区的贫富差异，而这些差异会导致一系列社会问题，因此应采取相关手段对这一问题进行化解。而引导农户进行贷款，在劳动力收入获取效率较高的时期运用金融手段，获取更多收益，留待在收入获取效率降低时使用，对于家庭的收入起到很大的平滑作用。该理论还强调，由于农户在生产生活中会面对多种不同类型的风险，很多举措既对生产有帮助，也同样是正常生活的必要保障，因此对于其贷款需求不应严格区分种类。换言之，应在风险可控的情况下，尽量满足农户的各类信贷需求，这既有利于从生命周期角度平滑农户收入状况，也能够促进农村地区经济发展。

2.2.3.2 理性小农理论

理性小农理论由诺贝尔经济学奖得主舒尔茨于 1968 年在其名著《改造传统农业》中提出。他强调，农户的受教育程度可能不高，但由于其所从事的种植经营已经经过近千年的发展，内部已经不存在较大的优化空间，因此在生产规模不变、生产技术没有较大程度提升的情况下，收入状况很难得到改善。但这并不等于说农户对于外部事物普遍缺乏了解，对于整体经济形势以及国家发展大政方针漠不关心。事实上，农户也是理性的，也渴望结合国家经济发展形势来改善自身经济状况，并且在具体的农业生产时，对于成本和收益的考量之精细，不亚于任何一个群体。在传统的农业社会中，生产资源的配置是有效的，却也是资本回报率较低的。因此在现代农业开始的初期，由于自身经济条件的快速提升，农户对于很多制度安排可能会欣然接受，但随着时间的推移，对于自身利益的维护也会有所要求。因此政府在制定各项政策时，应对这一问题进行考量。

2.2.3.3 农户风险规避理论

农业生产需要面对自然风险（是否风调雨顺）和市场风险（农产品价格波动）双重风险的影响，这两类风险对于农业生产都会产生至关重要的影响。

而作为农业生产主体的农户，在这两类风险面前又显得太过于渺小，几乎没有任何能力来面对或者对冲这两类风险。这使农户对于风险具有天然的厌恶性，甚至是极端厌恶性，进而导致其做出的包括经济行为在内的很多行为都是从过分规避风险的角度出发，其决策往往是次优决策，并不是最优决策，这进而导致其在日常生活中无法得到利益最大化，客观上延误了其生活水平提高的步伐。因此在制定金融支持政策时，应考虑到农户对于风险的态度，在宣传时应强调金融并不是洪水猛兽，相反还会帮助其取得收入的提高。只有农户从内心认同贷款等金融行为，农村金融才能够真正在农村地区扎下根，帮助当地经济更好更快发展，从而促进当地农户生活质量的提升。

2.3 国内外农户收入质量研究概况

2.3.1 国外农户收入研究现状

促进国家经济增长是西方经济学创立和发展的最初目的之一，为此，西方学者对此方面进行了广泛而深刻的研究，其中在关于农民收入、收入差距以及收入分配等影响国家经济发展的相关问题方面都进行了尤为细致的研究，制定了一系列促进经济发展和农民收入提高的全方面的支持政策。需要说明的是，农户收入质量概念在国外的相关文献中出现得不多，因此对国外有关农户收入质量的研究内容难以展开综述，此处只展开有关国外农户收入的相关研究综述。西方经济的发展非常注重基础理论的支持，以凯恩斯的绝对收入理论为基础到杜森贝利的相对收入假说和弗里德曼的持久收入假说，再到莫迪利安尼、布伦贝格和安东等共同提出的生命周期假说等都为农户的收入问题、收入分配及消费结构不平衡等问题的解决提供了很好的理论参考和借鉴。国外关于农户收入质量方面的研究较少，其相关研究主要集中在以下两个方面，即农户的收入水平、收入不平等状况。

关于收入水平方面。Gerber（2006）基于 1998 年收集的调查数据实证分析得到，与契约工资不平等相比，薪酬不平等在社会结构中的表现具有一定差异，并且前者在塑造实际工资不平等方面具有同等或更大的决定性作用，相较其他因素而言，人员工作所处的企业环境、社会规模以及市场性质等方面都会对工资产生较大的影响，继而影响收入水平。Mattila（1974）通过研究发现，员工的工资收入水平在工作转换前后的差距较大，相较于经历过失业的员工来说，未经历过失业的员工在进行工作转换之后其工资水平会有显著的提升。Johnson（2002）提出，在发展过程中可以积极鼓励和支持中小企业在城市落户，引导农户、农民工在家乡本地进行生产生活，降低其生活的压力和成本，进而实际提高农户的收入水平。Romeo（2016）以肯尼亚西部 6 个地区的贫困家庭作为样本，实证检验了农业生产的多样性与家庭饮食多样性之间的关系，得出两者呈现显著的正相关关系，并分析得到出现此类现象的原因是农户收入效应，所以增加农业生产的多样性是为处于极端贫困状态下的农户家庭带来收入改善的重要措施。Sakari 等（2021）通过设定假设，对不同收入的家庭采取不同平等标准进行衡量，发现受访者的健康状况和其家庭类型的关系与个人收入和家庭类型之间的关系类似，健康情况不佳的家庭往往个人收入也相对较低，最终得到，除消费潜力之外，其他相关因素如社会地位、经济安全等也是影响收入水平的重要原因。Štefan 和 Kristina（2021）通过对丘陵山区的农村家庭收入多样性、农户福祉以及粮食安全等条件在加入欧盟前后进行对比，得到单一的务农收入并不足以满足农户家庭生活的需要的结论。实现农户家庭收入的多样性是解决此困境最有效的途径之一，而增加农户的自营收入是改善农户家庭福祉的重要方法，也是直接提升农户收入的重要途径。

关于收入不平等方面。大多数学者认为，收入不平等是造成农村农户收入过低、生活状况长时间不能得到根本改善的最重要原因。美国经济学家库兹涅茨被认为是最早开始对收入不平等相关问题进行研究的著名学者之一，他在《经济增长与收入不平等》一书中详细论述了经济增长与收入之间的关系，阐明了收入平等的重要性，为日后学者们进行相关研究做了很好的铺垫。Glen和 Ronald（2021）通过对世界上 71 个发展中国家的面板数据进行债务重组与社会收入分配方面的研究，实证分析发现，接受债务重组的国家通常会利用债务重组的灵活性来降低社会服务成本，对收入较低的群体会造成一定程度的经济损害，从而对社会上收入不平等现象起到一个负向激励作用，不利于经济社会的稳定与和谐。Chima 等（2021）采用广义矩方法对非洲 48 个国家在包括包容性金融准入在内的条件下对经济与农户收入不平等之间的相互影响进行实证分析，发现包容性金融准入在调节收入不平等与经济发展方面具有正向影响，普惠金融准入在短期内对收入的影响呈现出与库兹涅茨曲线相反的趋势，提出可以从金融服务方面着手来改善收入不平等现象和促进社会经济进一步发展。Lorenzo 和 Scarlata（2019）通过对印度地区风险投资支持的社会活动与当地收入不平等两者的关系进行探究，最终发现与未接受风险慈善投资的城市相比，接受风险慈善投资城市的收入不平等状况可以得到明显改善，证实了创业慈善有利于缓解社会企业的收入不平等程度。Bowers 和 Chand（2018）对美国农民工的收入不平等现状进行了深入的剖析，通过实证研究发现，在具有不同特征的农民工群体中，年龄在 21 岁以下以及所有的女性农民工的工资待遇相较其他农民工较低，且不具有合法地位的农民工收入也明显低于具有合法地位的农民工收入，这为今后制定和调整农民工工作制度、提高农民工收入水平、改善社会收入不平等状况具有重要的参考意义。Güder 和 Kurt（2018）探究了宏观经济因素对国家收入不平等的影响，通过利用四个金砖国家的面板数据进行影响因素探析，发现宏观经济因素中的通货膨胀率、经济全球化和公共收入对收入不平等现象的改善起到负向抑制作用，研发收入则对其起到正向促进作用。

2.3.2　国内农户收入质量研究现状

2.3.2.1　关于农户收入的国内研究综述

温涛等（2005）通过协整检验发现，我国的金融发展水平对农户的收入起到负向的抑制作用。高越和侯在坤（2019）利用倾向得分匹配模型（PSM）验证了农村的基础设施建设对农户收入增长的促进作用，且发现其对于东、中、西部的促进作用不同。陈林生等（2021）对全国 31 个省份的短面板数据使用系统 GMM 模型，结果表明农业机械化可以对农民的收入产生显著的正向影响，尤其表现在对农民可支配收入、工资性收入和家庭经营性收入三个方面的影响上。近年来，在农户的收入来源中，非农收入占据越来越大的比重，李雅楠和谢倩芸（2017）提出互联网的出现与使用可以大大提高个体的工资性收入，随后杨柠泽和周静（2019）也利用中国社会综合调查数据实证分析了互联网的使用对农户收入的影响，结果发现通过互联网的使用可以显著地增加农民的非农收入。

农户收入的增长离不开各项农村制度的影响。吴翀（1995）提出家庭联产承包责任制可以极大地调动农民的生产积极性，促进农户收入的快速增长，要持续稳定地完善和继承家庭联产承包责任制，做好土地承包的延期工作，建立合理的土地经营流转制度，搭建起合理的农村经营服务的上层建筑，这是促进农户收入持续增长、帮助农村经济快速发展的重要保障。袁易明（2002）提出家庭联产承包责任制可以通过增加农户收入来源的多样化来促进农户收入大幅度增长。由于我国国情的特殊性，在城乡体制建设上一直施行城乡二元化，这使城市和农村居民的收入都取得了一定程度的提高，但同时也造成了城乡居民收入差距加大，胡鞍钢等（2006）提出城乡施行的两种不平等的财政支持和分配力度，是造成城乡经济差异加大的最根本的原因，所以统筹城乡协调发展、促进城乡融合不仅是全面实现乡村振兴战略的必然要求（范恒山，2020），也是现阶段把握我国主要矛盾变化、实现高质量发展的重要保障（汪彬，2019）。李成友等（2021）以不变替代弹性和瞬时效用函数为基础对城乡差距进行研究时发现，人口结构红利对缩小城乡差距起到正向促进作用，财政支出由于原有的城市偏向特点，对城乡差距的缩小起到负向抑制效果，通过实证检验验证了其是构成影响城乡差距的重要因素。程广斌和王朝阳（2020）利用空间面板模型和门槛模型，以公共服务视角为切入点，实证探究了创新数量和质量对城乡差距的影响，得出的结论是：创新数量对缩小城乡收入差距起到正向作用，创新质量对缩小城乡收入差距起到抑制作用，但这两者可以通过与公共服务形成良好的协同发展关系来显著缩小城乡差距。张延群和万海远（2019）通过建立理论模型，实证检验得出的结论是：决定我国长期以来城乡收入差距的关键性因素为三大产业与劳动生产率比率、第一产业中乡村人口所占比例以及城市中正式职工与农民工的工资差距。李超（2019）基于时变参数状态空间模型，运用滤波算法对城乡收入差距与外商投资之间的关系进行动态分析，得出虽然外商投资对城乡收入差距的缩小具有正向的促进作用，但未构成影响收入差距的主要因素的结论。

在区域发展水平方面，长久以来我国区域经济发展水平不均衡状况一直存在。由于地理环境、资源禀赋以及优势产业等原因，我国东、中、西部地区经济发展水平差异较大，长期以来形成了东部地区发展迅速、西部地区发展缓慢的现状。为缓解这种发展不平衡的现象，我国相继提出东部率先、中部崛起、西部大开发和东北老工业基地振兴等发展战略，致力于推进区域一体化发展。王竟俨和侯彦东（2021）基于全国第三次农业普查数据对我国东、中、西部以及东北地区的交通、通信等基础设施进行了比较，得出我国目前区域发展差异还是很大，这对各区域农民收入水平的提高产生了很大的限制作用的结论。

安虎森和汤小银（2021）提出，在构建新发展格局、建设社会主义现代化体系目标的推动下，要立足于区域的多元层次结构，加强区域间的交流互动，优化区域间的统筹的机制，促进各区域经济协调发展。程名望等（2016）通过微观面板数据研究得出，区域因素是影响农户收入不平衡的最重要的因素，物质资本和人力资本次之，所以要完善农村地区的人力和物力资本积累机制，继续统筹区域间的协调发展。

在金融促进经济发展水平方面，近些年，我国特别重视金融服务、金融支持对农村经济的支持作用，先后颁布了《中共中央 国务院关于打赢脱贫攻坚战的决定》《关于金融助推脱贫攻坚的实施意见》《关于金融服务乡村振兴的指导意见》等多项政策文件，充分印证了金融在推动农村地区经济发展中至关重要的作用。农村金融的发展形式多样，除了银行、保险公司等正规金融机构之外，市场上还存在着众多的非正规金融机构，其中信贷和典当为主要表现形式。唐礼智（2009）通过对农村金融机构与农户收入之间的关系进行实证分析，结果发现在长期内无论是正规金融机构还是非正规金融机构均可以显著促进农户收入的增长，且非正规金融机构的促进效果要明显高于正规金融机构。吴庆田和蒋瑞琛（2020）从直接和间接两个角度切入，通过对农村金融对农户收入的影响机制分析，发现农村金融可以通过增加包容性来发挥其增收作用，从而推动农村经济的发展。随着贫困问题的解决，我国逐渐开始朝实现乡村振兴目标努力，在推动乡村振兴的众多措施中，制定适合规范的金融支持和金融扶持政策是战略目标如期按质实现的重要保障。金融是农村经济快速发展的动力源泉，对农村现代化和产业化发展起到至关重要的作用（廖红伟和迟也迪，2020）。温涛和王佐滕（2021）通过对全国 30 个省份的农村金融相关指标进行固定效应及中介效应分析，再次验证了农村金融对农民增收可以起到显著的正向促进作用，并且可以通过激发农户的创业意愿来为农村经济的发展提供助力。

2.3.2.2 关于农户收入质量的国内研究综述

目前学界关于农户收入方面的研究主要集中在提升农户收入数量方面，对于农户收入的质量属性未给予足够多的关注。伴随着多年来国家对脱贫攻坚、乡村振兴等战略的实施，我国农民的生产经营活动开始呈现出更加复杂多样的特征，以往仅对农户收入数量的充足性这一特性进行研究已经越来越不能满足当下农户收入多样性的现状，需要一个可以从全方面综合衡量农户收入状况的指标来弥补当下对农民收入增长研究的不足。孔荣和王欣（2013）首次提出在研究收入问题时，不应该只注重收入量的规定性，更应该强调收入质的规定性，主要将农民工收入的特性分为五个维度来阐述，分别是收入的充足性、增长性、结构性、成本性以及知识性，并从这五个方面论证了收入质量与收入之间的相关性以及对农民工收入质量进行研究的必要性。王欣和孔荣（2014）通过对农民工、农户和城镇居民的收入数量和收入质量进行对比分析，发现农民工对自身收入质量的评价满意度不及收入数量，其自身的幸福感虽超过农户但不及城镇居民。邓错和孔荣（2016）将收入质量概念引进农民工的信贷需求研究中，认为农民工的家庭收支、务工收入比例、工作技术含量以及日常生活成本均对信贷具有显著的负向影响，而行业的变换次数对信贷呈现正向促进作用。任劼和孔荣（2016）通过结构方程采取二阶验证性因子分析，验证了现阶段收入质量体系的合理性，并再次强调在进行农户收入的相关研究中应加强对农户收入其他维度的重视。刘胜科和孔荣（2018）将农户按其收入质量特性分为不同类别，利用二元 Logistic 模型，验证了具有不同收入质量特性的农户对创业的意愿具有明显的异质性，其中，知识技能型和结构单一型农户的创业意愿相较于结构多元型农户更强。彭艳玲等（2019）从农户整体出发，通过实证分析发现中等收入质量对农户实施创业决策的促进作用更强，而高收入质量对已经进行创业的农户的促进作用更为显著。邓错等（2020）将创业犹豫这一前提条件考虑在内，以收入质量为切入点对影响农户创业意愿的因素进行分析，通过运用结构方程模型，分析得出在包括收入质量、创业氛围和风控水平等在内的因素中，收入质量特性对农户的创业意愿影响最大，且呈现出显著的正向影响。康慧和张晓林（2019）基于微观数据探究了农户的收入质量与其生活满意度之间的关系，发现收入质量的五个维度均对农户的生活满意度具有显著的影响，在全面实现乡村振兴战略的号召下，以收入质量为政策的改良点，可以有效提升农村农户的生活水平，增强其生活的幸福感。

2.4　国内外金融支持政策研究概况

2.4.1　国外金融支持政策研究现状

国外金融机构的发展起步早，金融运行模式较为成熟，金融体系也相对健全，相较于我国在金融支持经济发展、减贫脱贫方面具有更加丰富的理论和实际经验。当前国外学者关于金融支持政策的研究主要集中在金融支持模式和金融发展与经济增长两方面。

在金融支持模式方面，不同国家的学者基于各自国家国情、经济发展状况以及不同的思维主导形式，对金融支持模式提出多种方案，导致各国的金融支持的发展进程不趋于一致。在国外金融支持的模式中，最具代表性的是孟加拉国穆罕默德·尤努斯（1976）所提出的"尤努斯模式"。孟加拉国由于严酷的地理环境和动荡不稳定的时局，经济一直发展缓慢，未能取得明显进步，"尤努斯模式"就是在如此环境下应运而生的。它是在试验小微贷款的基础上，进一步调整运营方案，在 1983 年成立格莱珉银行（又称孟加拉乡村银行），开创了金融支持经济落后地区、弱势群体的先例，完善了农村地区金融的运营发展体系。其中，格莱珉银行的成功运行模式也成为世界各国在脱贫减贫过程中模仿和借鉴的首要方案。在20世纪80年代，玻利维亚阳光银行（BancoSol）的信贷制度也是金融支持经济发展的一类代表性模式，凭借其成熟健全的运营模式，成为同时期拉美国家小额信贷类业务发展的引领者。玻利维亚阳光银行的前身是一家非政府的非营利组织，主要业务是为城市中的中小企业及自我雇佣者提供小额资金贷款，帮助其渡过资金上所遇到的难关。由于其采取联合担保制度，所以基本不会有不良贷款等情况的发生，但随之而来的是越来越大的信贷资金需求和越来越正规的信贷服务要求，玻利维亚阳光银行就是为了缓解这类问题应运而生的。银行的属性也从非营利性转变为商业性，通过在发展过程中自身不断地调整和转变，最终建立了现代的小额信贷管理模式，实现了商业银行的可持续经营管理，也为我国金融机构小额信贷市场的进一步发展提供了具有借鉴性的意见和建议。

在金融发展与经济增长方面，由于西方金融机构发展较早且经济发展基础较好，所以国外关于金融支持经济发展的研究较为丰富，学者们从不同角度对金融的经济支持效应做出了相应研究。Joseph（1982）首次提出金融发展对经济增长具有显著的正向影响，通过支持金融市场上的信贷行为尤其是新兴企业信贷的行为，可以有效促进国家整体经济的增长。Aviral Kumar（2013）再次验证了Joseph的观点，即金融发展对经济发展起到促进作用，同时提出这种促进作用可以缓解经济落后地区的贫困状况。Imai（2010）基于家庭面板数据，实证分析了孟加拉国的小额信贷业务与家庭收入情况之间的相互影响关系，得出金融机构的信贷业务可以对居民的收入状况起到一个很好的缓解作用，并且相较于城市，农村的缓解作用更加明显。Khandker（2015）基于孟加拉国的横截面面板数据，对当地的小额贷款与减贫之间的相互关系进行实证分析，发现小额贷款可以增加居民的收入数量，对收入较差群体实现减贫脱贫具有明显的促进作用，并能产生正向溢出效应，特别地，对于女性小额信贷参与者而言，小额贷款可以为其生活中的各类必要支出如食物和非食物支出等带来正向的激励作用，从而能带动整个地区经济的繁荣发展。Feder 等（1990）利用非均衡的微观经济模型对中国的农业信贷与生产力发展之间的关系进行了细致的分析，得出金融机构可以通过为偏远地区提供信贷等金融服务来改善经济落后地区家庭及个人的收入情况，特别是可以增加其对生产方面的相关投入，以此来进一步带动生产，促进收入的提高，最终形成一个生产、收入相互促进的良性循环，带动经济落后地区经济取得快速发展。Jensen（2000）通过对农业信贷市场的资源配置效率进行分析，得出金融业对经济市场的参与在一定程度上可以降低市场上贫困人口的比重，并且为贫困人口收入的提高起到了正向的促进作用的结论。Žiaková 和 Verner（2015）基于约旦的金融服务的发展现状，分析了小额信贷服务对社会收入较差群体产生的影响，最终发现通过增加小额信贷的自营服务可以有效增加穷人的就业机会，也成为打破经济贫困状况恶性循环的最有效的工具之一，与此同时，小额信贷凭借其业务性质和服务职能对社会上各类企业的经营发展产生了良好的影响。Jeanneney 和 Kpodar（2011）通过对贫困情况与金融发展之间的关系进行研究发现，虽然目前贫困人口参与金融机构金融服务的主要形式还是传统的储蓄服务，对于可以带来更大脱贫效应的信贷服务参与的积极性还不够，但即使是传统的储蓄业务也对贫困人口的脱贫减贫起到了一定的支持效用，在一定程度上缓解了贫困群体的收入低下状况。

2.4.2 国内金融支持政策研究现状

金融支持是指银行等金融机构利用自己所拥有的独特资源和业务优势，对收入较差农户、收入较差家庭采取的一种帮扶手段。金融机构对资金进行汇集，通过贷款、信贷等途径对资金进行合理的配置，实现对农户的开发式扶持，进而改善农村的经济情况，进一步优化农村的经济生态环境。我国金融支持的作用方式主要分为两种：第一种是直接对农户提供金融服务，如通过发放金融补贴、政府救济金等方式来满足农户从事生产生活的基本条件，这也是缓解农户状况的最直接快捷的方式；第二种通过向经济欠发达的地区提供金融产品服务来间接满足农户收入增长的需求，如通过增设金融服务网点为农村地区提供工作机会，建设美丽乡村，缓解人才外流趋势，吸引有才干的居民为农村当地的经济建设添砖加瓦。间接渠道是帮助改善农户经济状况最有效的方法（杨钊，2016；么晓颖和王剑，2016），可以明显提高金融机构的资源配置效率，充分发挥金融支持、金融助农政策的有效性。目前国内关于金融支持的研究主要集中在三个方面，即完善金融支持政策、拓宽金融支持路径、增强金融支持效力。学者们从政策本身出发，到政策的实施路径再到政策支持力度，对金融支持经济落后地区经济发展的各个方面都做了较为详尽的研究。

首先是完善金融支持政策方面。佟大建和应瑞瑶（2019）通过准自然实验，对比观察农民的人均纯收入及其增长情况，验证了金融支持政策可以有效缓解农民的收入较差状况这一观点。在当前形势下，注重金融支持政策实施的可持续性、重视相关政策的完善对我国经济的发展具有至关重要的作用。尹志超等（2020）基于中国家庭金融调查（CHFS）数据，运用实证分析证明了金融支持政策可以对冲信贷约束的负向影响，尤其对经济欠发达地区家庭的生产性信贷约束具有明显的缓解作用，因此应进一步完善和落实金融支持的制度政策，兼顾信贷供给和需求的双重目标，引导各金融机构增加对经济欠发达地区的信贷投入量，提高贫困家庭的金融参与度，让越来越多的收入较差农户享受到金融扶持政策的红利。金融机构是实施金融支持政策的主体，是发挥金融支持效用最重要的部分。张李娟（2017）提出，由于我国金融机构发展起步较晚，尚未形成成熟的金融机构体系，在金融支持经济欠发达地区经济发展的政策导向下，还需要继续建立健全我国的金融支持体系，减少金融支持成本、降低金融支持风险、增强金融支持动力，助力实现相关政策目标。初昌雄（2012）以广东省郁南县为例，提出只有更好地将政策与市场相结合，将生活性帮扶转变为生产性帮扶，将救济性帮扶转变为资本性帮扶，将向外争取帮扶转变为向外争取和自我努力并重的内外合作帮扶，才能更好地发挥金融支持的政策效应，彻底解决经济落后地区的经济发展问题。杨钊（2016）通过总结金融支持的运行机制和近年来形成的地方特色支持模式，提出要创新金融产品、完善资金融通和风险分担机制，保证金融支持政策落到实处。

其次是拓宽金融支持路径方面。郭晓蓓（2019）结合我国发展现状，提出我国可以通过金融机构对接特色产业路径来实现经济落后地区的可持续发展。史俊仙和梅兴文（2019）提出我们可以借鉴孟加拉国的"尤努斯模式"进行改革，以经济落后地区人口为中心，激发他们内在的致富潜力；放松政府的行政管制，积极引导市场参与经济落后地区的致富进程；健全金融机构的服务体系，形成制度、市场和资金三方的有力结合；优化经济落后地区的金融生态环境，为金融支持经济落后地区经济发展扫清障碍。谢金静等（2019）提出要借鉴美国的"KIVA"模式，打造出适合我国国情的普惠金融式"KIVA"模式，引入具有公信力的第三方支付平台，保证农户真正地将金融机构贷款用于生产经营活动，防止投机行为的出现，增强政策实施的稳定性。申云和李京蓉（2019）提出在全面实现乡村振兴的背景下，可以依靠互联网以及P2P技术来完善和发展农业供应链金融模式，构建"金融资本"与"社会资本"沟通连接的桥梁，以满足农户不断增长的信贷需求，缓解收入较差农户融资难的问题。谭建忠和骆伦良等（2019）以广西地区为例，探讨了在金融政策的应用过程中可能会发生的风险防控问题，提出要以金融政策支持产业发展，改善金融发展环境，全面实施普惠金融政策，促进金融和产业的共同发展。豆晓利（2019）通过对河南省卢氏县的金融支持模式的创新效果进行评估，发现"卢氏模式"中关于对小额信贷政策改进的模式可以有效地提升收入较差农户对金融支持政策的满意度和信任感，提高收入较差农户的收入水平，扶持了经济落后地区的特色产业发展，为全国的经济落后地区提供了一个可参考复制和推广的新模式。肖开红和刘威（2021）通过对比分析经济落后地区参与电商扶持前后的生产生活情况，发现农村电商对经济落后地区人口增收起到积极的拉动作用，在当前形势下，继续深入地加强农村电商与农村经济的融合，对我国持续巩固脱贫攻坚成果具有重要的理论和实践意义。刘长俭等（2020）提出要以"交通扶贫"助力产业发展，更加巩固交通发展对我国农村工作的支持作用，实现交通发展工作的多元化、多样性和精准性，形成交通与产业相互促进、共同发展的新局面。

最后是增强金融支持效力方面。申云和彭小兵（2016）利用双重差分法和倍差匹配法对不同家庭经济情况的农户参与链式融资前后的经济情况进行对比，认为在进行金融精准服务的过程中，应先注重发挥产业发展的效力，在此基础上进行链式融资，能更充分地发挥金融支持的政策效应。王志涛和徐兵霞（2020）认为，在推进金融支持以及实施乡村振兴战略的背景下，要更加重视金融减贫效果的持久性，对金融脆弱性给予更多的关注，提出要针对现阶段收入较差家庭现状，继续加强对收入较差家庭的识别和帮扶，提升金融精准支持的政策效力。李阳和于滨铜（2020）提出，在我国全面实现乡村振兴战略目标的激励下，农村金融不断取得快速发展，但还存在着许多诸如金融识别、金融脆弱、金融排斥以及金融政策体系不够健全等方面的问题，最终提出"区块链+农村金融"式的发展模式，结合我国发展实际，构建包括农户、厂商、金融和政府在内的四部门经济发展模型。孙继国和孙茂林（2020）利用仿真实验，对金融支持乡村振兴发展的各种途径包括信贷支持、保险扶贫、资产投资等进行内在的理论机制分析，发现农业保险对乡村振兴的支持效用较弱，最终提出要继续创新农业保险产品、扩大农业保险的覆盖面、增强农业保险的服务效率，使其成为支持我国金融乡村振兴最主要的途径。王善平和孙正欣（2021）利用系统 GMM 模型，实证检验得出互联网金融可以增加收入较差农户的物质、人力和社会资本，通过三者的相互影响和共同作用，最终可以提升福利水平。

2.5 国内外相关研究简评

2.5.1 现有研究对农户收入的质量属性关注不足

通过梳理上述文献可以看出，农户收入问题一直是当前学术界研究的重点，很多学者的研究结论具有很强的指导意义。但同时不应忽视的是，现有研究仍存在一定的不足。梳理以往学者关于农户收入的相关研究发现，无论是国内学者还是国外学者，在前期主要将研究的重点集中在农户收入的"量"的特性上，探究了各类因素对农户收入数量的影响，通过对研究结果进行分析制定了一系列有助于促进农户收入增长的政策措施，进而帮助农户取得收入的快速增长。国外学者在研究有关农户收入的问题时主要是从西方传统的经济学理论出发，包括研究农户各阶段的收入状况、对各地区农户的收入不平等状况进行分析以及对各国所存在的收入分配问题寻找解决途径等。国外学者对于收入较差农户收入的相关问题研究得较为深入和全面，也从各个角度全方位地探究了农户的收入与政府金融支持、金融支持政策力度之间的相关关系，并取得了非常丰硕的研究成果，为我国国内关于农户收入质量的测定及相关政策制度的制定提供了很大的支持，同时也为本书的研究及金融支持政策的制定和改进提供了非常重要的理论和实践方面的经验借鉴。

国内学者在以往研究的基础上，对我国农户的收入方面进行了比较详尽的定量和定性分析，针对我国农户的收入现状以及现阶段的经济发展目标进行了相应的研究和探索，丰富了国内外关于农户收入问题的研究，增强了研究的针对性和可靠性，加强了政策建议的可实施性。本书在以收入质量为研究视角的前提下，将金融支持政策的改进和调整引入，分析了两者之间存在的相互影响关系，为我国金融支持政策的改进方式开辟了一个新的研究视角，这对国内外的相关研究具有开创性的意义。

总体而言，虽然国内外对农户的收入方面进行了诸多研究，从各个方面也都进行了广泛深刻的探讨，但仍存在着不足之处。虽然部分研究对收入质量的各个维度都略有涉及，但大多都局限于单一的收入质量特性，未能全方面地考虑各个维度之间的相互影响关系，对农户尚未构建形成一个完善的收入质量体系。

2.5.2　未对收入质量在农户收入增长方面的作用做深入研究

国内外学者对脱贫攻坚成果的巩固方面做了大量的研究，丰富了现阶段关于预防农户再次返贫方面的研究视角，使分析具有多元化、多方面的研究特征，这对世界减少贫困和预防返贫等相关课题的研究具有非常重要的参考价值。国外学者在进行预防返贫相关机制研究时，主要是从贫困测度—贫困识别—贫困治理路径出发，认为只有先认识贫困，才能进一步地预防贫困、防止返贫。国内学者针对我国农村的发展现状和现阶段国家的发展目标，对预防农户再次返贫做了非常丰富的研究，主要从返贫原因和返贫治理等方面进行了广泛的探讨，并对其他相关影响因素进行了有益拓展，这对我国建立长效预防返贫机制提供了很好的理论借鉴和支持。但在已有的文献中，大多数学者忽略了收入质量对于巩固贫困成果、防止农户返贫的重要意义，更多是从单一的收入充足性的维度对贫困情况进行测度。在我国全面脱贫取得胜利的当下，仅仅从收入的充足性这一特性出发已经不足以解决我国目前存在的农民收入不高问题。因此，以收入质量为研究视角，从农户收入的多维度特性出发，进一步完善和丰富我国的预防返贫机制，继而为巩固脱贫攻坚成果和乡村振兴提供意见和建议，这对世界乡村振兴问题的解决具有很大的推动作用。

综上所述，目前国内外学者关于预防返贫方面的研究已日益成熟和全面，从全方位的角度对反贫困机制进行了非常深刻的研究，但还是存在着一些不足，虽然现有文献中有部分学者以收入质量为研究视角对农户的收入问题进行研究探讨，但对于收入质量在预防农户返贫方面的作用并未进行深入的研究，这在一定程度上影响了研究结论的准确性。

3 西部农户收入质量概述

习近平总书记在 2015 年的中央扶贫开发工作会议上强调，要实现经济落后地区农民人均可支配收入增长幅度高于全国平均水平。几年来，伴随着脱贫攻坚工作的实施，我国农户收入状况已经有了大幅度提升，本章将对这一内容进行梳理和论述。

3.1 西部农户基本特征

3.1.1 人力资本

西部农户在人力资本方面表现出的特征主要为患有疾病、受教育程度较低和缺乏相关岗位所需职业技能。西部农户受其长期劳动习惯、饮食习惯及生活环境等因素影响，高血压、肿瘤和贫血等疾病的患病率更高。据国家统计局数据，2019 年农村居民主要患病种类构成中，心脏病、恶性肿瘤和脑血管病的患病率及死亡率最高，其构成比例分别为 23.81%、23.27% 和 22.84%，且经济欠发达地区人们对疾病预防及治疗意识薄弱，通常会出现"小病"拖延成"大病"的情况。由于经济欠发达地区医疗设施匮乏，医务人员供给不足，医疗专家严重短缺，农户需要付出更高成本才能获得基本的医疗服务。一方面，农户家庭劳动力患病会减少家庭收入来源；另一方面，高额的医疗费用支出降低了农户总体收入，从而导致农户因病降低了生活质量。此外，受教育程度低是农户人力资本不足的主要表现，虽然各地区出台了促进当地教育事业发展的政策，逐步帮助经济欠发达地区改善教学条件，但由于这些地区地理位置偏远、相对封闭，经济条件落后，而且师资方面一直存在年龄、学历和专业等方面的不合理，本科以上学历教师比例为51.6%，这就意味着依然有近一半的乡村教师自身受教育水平有限，因而给学生提供的教育质量也相对较低。随着城镇化速度加快，农村经济欠发达地区中小学学校数量也在逐年递减。《中国农村年鉴》统计数据显示，2019年较2013年相比，初中数量由18485所下降至14477所，小学数量由14万所下降至8.9万所，学校数量的递减使一部分有能力的农户家庭选择将孩子送到城镇学校就读，导致城镇学校大额班的现象层出不穷。《中国农村年鉴》数据显示，2019年农村家庭户主约50.8%为初中文化水平，32.5%为小学文化水平。由于文化水平较低，一方面，农户自身不具备从事具有一定技术含量的工作的能力；另一方面，在政府开展就业技能培训过程中，西部农户对新事物的吸收能力较差，不能完全掌握相应岗位技能，只能依靠体力获得主要收入，而通过体力获取的收入通常表现为数量低和收入不稳定等特征，导致农户经济陷入困境，形成恶性循环。

3.1.2　社会资本

社会资本主要指社会网络关系、社会成员之间互惠规范和社会信任，是人们在社会关系中所获得的利己资源。充足的社会资本有助于农户实现信息对称，及时获得有关就业和创业等方面的资源，提高收入，能有效缓解农户健康和子女教育问题。西部地区农户人口总数与中东部地区相比较多，由于经济发展水平较低，西部地区农户在信息和资源等方面的获取上相比于其他区域而言要更加滞后，因而，西部地区农户社会资本表现出的特征为信息资源拥有量匮乏、社会网络关系质量较低且缺少专业社会组织指导。由于西部地区农户所在地区地理位置偏远，电视、电脑和手机等移动设备还未实现全覆盖，农户主动获知政府部门颁布的相关乡村振兴政策占比较少，多为所在地区内农户相互传播获知，导致农户信息获取具有一定的时滞性。相比于其他地区普通农户而言，西部地区农户信息资源拥有量匮乏，不能及时利用乡村振兴政策实现就业及创业，阻碍农户摆脱经济困境的进程，相关风险警示信息也不能及时传达给农户，使农户无法及时防范化解风险，有进一步加剧农户收入下降问题的可能。此外，由于农村人口多处于社会关系底层，在收入、社会地位和教育文化等方面大多水平有限，农户表现出社会网络关系质量较低的特征，这样的特质影响农户获取有关教育、健康和就业等方面的信息质量，不利于提升农户综合素质、降低农户支出和提高农户收入，导致农户陷入"社会网络质量低—收入质量低—摆脱经济困境难"的循环。

3.1.3 自然资本

自然资本主要指与农户生计有关的自然资源拥有情况，如土地、水和矿物等。由于自然资本对经济欠发达地区农户的生活条件、耕作形式和资源使用情况有直接影响，因而农户对自然资本的依赖程度较高，而我国经济欠发达地区多分布于地理环境较差的区域，如高原、山地、丘陵和沙漠等，这就导致西部农户在自然资本方面表现出耕地资源匮乏和所在地区自然灾害频发等基本特征。一方面，由于西部地区包含我国约90%左右的沙漠化土地，且山地与高原也集中分布于此，受水土流失、土壤贫瘠和干旱少雨等自然因素影响，以西北地区为主的西部各省份耕地资源贫乏，且根据 2019 年农业农村部对我国耕地质量登记调查评级结果来看，西部地区中西南区域耕地质量分布均匀，1~10 等级均有分布，黄土高原区等西北地区则主要分布于 6~10 等级。西部地区总体表现为中低等质量耕地面积占比较多，耕地资源匮乏与质量较低导致西部经济欠发达地区土地总产出率较低。此外，虽然黄河流经省份包含青海、四川、宁夏和陕西等西部省份，但由于黄河水资源总量较少，不足长江水资源总量的 7%，且泥沙沉积较多，黄河流域沿线约 4000 多万亩农田无法实现有效灌溉，再加上西部地区沙漠化与石漠化严重，水资源短缺是西部地区农户普遍面临的问题。根据国家统计局《2020 年中国统计年鉴》有关地区水利设施数据显示，相比于浙江、安徽、福建、江西和湖南等中东部地区大部分省份 3000 座及以上的水库数量，西部地区如甘肃、青海、宁夏和西藏等省份的水库数量都在 600 座以下，青海和西藏的水库数量甚至不足 200 座。因此，农户大多选择开凿水井等传统方式用水，水井的取水量基本可以保障农户生活用水，但在干旱气候下，农田灌溉需求则得不到满足，导致农田开裂，农作物缺水干枯，会进一步减少土地产出率，降低农户收入。另一方面，西部经济欠发达地区多处于生态环境脆弱区，自然灾害发生率高。据统计，2019 年西部地区 5 级以上地震发生次数占全国总数的约 85%，以四川和西藏地区频率最高。此外，西部地区如广西、贵州、四川等地易发生洪涝灾害，青海、云南和青海等地则易受冰雹影响，但由于农户大多收入水平较低，家庭经济基础薄弱，抵御自然灾害能力普遍较弱，从而影响农民收入增长，加重农户经济负担。

3.1.4 物质资本

西部地区农户在物质资本方面主要表现为住房条件简陋、基础设施建设供给不足及农户耐用消费品数量较低等特征。首先，农户由于经济条件差，没有多余资金修建房屋，大多拖家带口居住于祖传的老旧房子，这类房子通常为低矮、破旧、面积小的土坯房和泥草房等危房。中国农村贫困监测报告显示，关于经济欠发达地区居住竹草土坯房的农户比重，四川、陕西、甘肃和宁夏等5个省份这一比重均在2%以上，远高于全国平均水平。由于竹草土坯房结构简单，内部设施简陋，缺少必备的生活用品，农户的生活条件较为艰苦。在有关使用经过净化处理自来水的农户比重数据中，四川、云南、广西和西藏4个省份占比不足50%，云南、西藏和青海的独用厕所农户占比低于全国平均水平，未处理过的自来水及传统旱厕都极易导致细菌滋生，诱发传染性疾病，导致农户可能增加额外的看病费用。此外，经济水平极差地区部分农户家庭还存在人畜混住的情况，不利于农户提高生活质量，加重了生活困难程度。其次，在基础设施建设方面，由于经济欠发达地区所在位置地理条件恶劣，修建公路困难较大，如广西和云南等山地较多的地区依然存在爬天梯和过索道出行的情况，且由于交通不便利，经济欠发达地区通信网络建设工作难以展开。2019年经济欠发达地区农村基础设施建设统计数据显示，仅青海地区农户所在自然村通电话的比重为96.7%，其余省份均实现全覆盖。广西、云南、西藏、陕西、甘肃和青海农户所在自然村通宽带的占比低于97.3%，基础设施建设不足导致经济欠发达地区经济发展受限制。一方面，农户种植养殖或手工制作的产品由于道路不通，只能依靠畜力托运出去，耗时长导致路途上会产生一定折损费用，增加农户负担成本。另一方面，电子商务发展模式在经济欠发达地区推进受阻，这对扶持经济欠发达地区产业发展、促进农户收入增加产生负面影响。最后，耐用消费品拥有量与居民生活水平呈正相关，在西部经济欠发达地区，除移动电话和计算机外，农户在汽车、洗衣机和电冰箱等耐用消费品拥有数量上也表现不足。《国家统计年鉴》相关数据显示，截至2019年末，广西、重庆、四川和陕西经济欠发达地区农村每百户汽车拥有量不足20台；广西、四川、云南和西藏经济欠发达地区农村每百户洗衣机拥有量均不足90台，低于全国经济欠发达地区总体拥有量90.6台；云南、西藏、陕西和甘肃经济欠发达地区农村每百户电冰箱拥有量不到 90 台，远低于全国经济欠发达地区平均拥有水平。耐用消费品拥有数量不足对于农户提升生活水平和保障收入提升具有一定负面作用，导致经济欠发达地区农户收入低问题始终难以改善。

3.1.5 金融资本

金融资本主要是指人们在生产和消费过程中所能获得的储蓄、信贷和保险等金融资源。充足的金融资本有助于帮助人们缓解信贷压力，保障就业创业活动的顺利开展，同时还可以通过金融渠道开展投资理财等增值服务，提高收入水平。但由于西部经济欠发达地区地理位置偏僻，基础设施不健全，交通出行不便，因此西部农村经济欠发达地区金融发展较为薄弱，农户金融资本主要表现为储蓄不足、贷款供需不均衡和农业保险发展滞后等特征。根据中国人民银行公布的各省份《金融运行报告 2019》有关银行业金融机构的统计数据，西部地区各省份农村银行业金融机构数量平均约为 2375 个，相比于中东部地区还有较大的提升空间，其中，广西、四川、贵州、云南、青海和新疆 6 个西部省份每万人拥有银行网点个数低于央行公布的全国平均每万人拥有银行网点1.59 个。由于西部经济欠发达地区金融机构网点数量不足，导致农户对储蓄及信贷等基本金融业务的需求得不到满足。长此以往，在储蓄方面，农户会逐渐缺少储蓄积极性，为了减少路程开支，多以现金形式存储余额，且导致农村金融机构没有充足的资金流入，形成"农户储蓄少—金融机构资金供给不足—农户资金需求得不到满足—收入较差问题难以根本解决"的恶性循环；在信贷方面，由于农户收入水平普遍较低，因而，在金融资本的逐利性及金融机构开展业务时对自身资金流量和风险承担情况的考量下，金融机构会降低金融贷款通过率，提高资料审核要求，导致农户信贷获取门槛提高，农户需求得不到满足，收入始终无法切实得到提高。此外，由于农户以农业生产为主要收入来源，农业保险可以切实缓解农户"因灾返贫"或"因灾致贫"的情况，但根据 2019 年我国各省份农业保险赔付支出数据，西部地区中，重庆、贵州、陕西和宁夏农业保险赔付支出金额分别为 6.7 亿元、8.9 亿元、7.1 亿元和 5.8 亿元，与中东部地区农业保险赔付支出相比差距较大，这也意味着西部地区农业保险发展还有所欠缺。这主要是由于：一方面，农户文化水平较低，金融意识薄弱，通常认为保险费用支出超过自身经济实力而拒绝投保，且政府部门财政资金还不能保证为全部经济欠发达地区农户投保农业保险，从而导致农业保险在经济欠发达地区普及率较低。另一方面，西部地区农户地理位置偏远，不便于保险公司及时深入开展理赔勘查活动，会出现农户不能及时获得赔付金额，加重农户收入水平持续下降的情况，且信息不对称在经济欠发达地区开展农业保险工作中也时有发生，降低了保险公司开展农业保险活动的积极性，导致经济欠发达地区农业保险覆盖率较低、农户抵御风险能力不足，进而导致农户收入波动性较大，不利于农户收入较差问题的解决。

3.2 西部农户收入质量现状

从各种现有文献和资料来看，对于宏观意义上我国农户相关特征描述，更多采用国家统计局发布的有关数据来展现，便于从整体上把握农户包括经济特征在内的各类特征。考虑到公布数据与研究需要之间的契合性和相关度，本部分中西部农户收入的充足性、增长性以及结构性特征采用国家统计局报告中的相关数据进行表述，同时由于西藏自治区的数据缺失，因此无法采用。农户收入的成本性和知识性特征，由于国家相关部门没有公布直接的宏观数据，将采取其他方式进行展现。

3.2.1 西部农户收入充足性

2013~2019 年西部省份农村常住居民人均可支配收入和以教育文化娱乐为代表的主动经济支出（区别于医疗等被动经济支出）总体呈现上升趋势，由于篇幅有限，选取部分年份数据进行展示，如表 3-1 所示。

表 3-1 2013 年、2016 年、2019 年西部 10 省份收入较差农户人均可支配收入

单位：元

省份	2013 年	2016 年	2019 年
广西	6252	8800	11958
重庆	7131	10244	13832
四川	6282	8799	12127
贵州	5557	7894	10580
云南	5616	7847	10771
陕西	6162	8424	11421
甘肃	4487	6323	8592
青海	6462	8664	11499
宁夏	5840	7937	10804
新疆	5986	8055	12035

资料来源：国家统计局，2013~2019 年中国农村监测调查报告。

2013 年，重庆收入较差农户人均可支配收入以 7131 元在西部各省份中排名第一，是当年西部各省份中唯一收入较差农户人均可支配收入破 7000 元的地区。青海、四川、广西和陕西依次排列归为收入较差农户人均可支配收入第二梯队，收入范围在 6000~7000 元。新疆、宁夏、云南和贵州收入较差农户人均可支配收入在 5000~6000 元，属于西部省份收入较差地区农村常住居民

人均可支配收入第三梯队。甘肃地区收入较差农户人均可支配收入最低，仅有4487元。2016年，重庆收入较差地区农村常住居民人均可支配收入依然保持领先，也是2013~2016年西部收入较差农户可支配收入首个破万元的地区。广西、四川、青海、陕西和新疆收入较差地区农户人均可支配收入在8000~9000元，宁夏、贵州和云南在7000~8000元，甘肃收入较差地区农户人均可支配收入以6323元排列在西部省份中最后一位。2019年，除甘肃省收入较差农户人均可支配收入未过万元，其余9个省份收入较差地区农村常住居民人均可支配收入均超过10000元。重庆收入较差地区人均可支配收入为13832元，四川、新疆、广西、青海和陕西收入较差农户人均可支配收入为11000~13000元，宁夏、云南和贵州收入较差地区农户人均可支配收入刚过万元。

由表3-2可以看出，西部省份收入较差农户的教育文化娱乐支出均呈现上升趋势，结合表3-1可以看出，近年来西部收入较差农户收入数量持续上升，因此可以说，西部收入较差农户收入充足性有所提升。综上所述，伴随我国政府部门各项乡村振兴政策的颁布与实施，整合各方资源带动收入较差地区经济发展，西部省份收入较差地区农村常住居民人均可支配收入和教育文化娱乐支出近年来均有明显的提升，总体实现2019年较2013年收入较差农户人均可支配收入翻一番的目标。但从全国整体水平来看，2013~2019年西部省份收入较差农户人均可支配收入平均值均低于全国收入较差地区农户人均可支配收入平均水平。其中，广西、重庆、四川和青海收入较差农户收入情况均高于全国平均水平，陕西收入较差农户人均可支配收入在全国平均线上下浮动，贵州、云南、甘肃和宁夏均明显低于全国平均水平，可见，西部地区各省份在收入较差农户收入数量方面还有较大的提升空间。

表 3-2 2016~2019 年西部 10 省份收入较差农户教育文化娱乐支出 单位：元

省份	2016 年	2017 年	2018 年	2019 年
广西	942	1001	1200	1355
重庆	971	1155	1306	1480
四川	581	635	712	817
贵州	1001	1090	1217	1384
云南	756	808	934	1084
陕西	880	876	1065	1152
甘肃	651	690	851	947
青海	817	769	748	1033
宁夏	982	1073	1113	—
新疆	—	405	759	1023

资料来源：国家统计局，2016~2019 年中国农村监测调查报告。

3.2.2 西部农户收入增长性

西部地区各省份在 2013~2019 年收入总体都有明显增幅，2013 年收入较差地区农村常住居民人均可支配收入平均值为 6029.09 元，2019 年平均值为 11444.64 元，2019 年较 2013 年收入较差农户人均可支配收入平均值增长约 89.82%。但就不同省份而言，2013~2019 年收入较差农户人均可支配收入有不同的波动情况。

如图 3-1 所示，广西收入较差农户人均可支配收入增长率变化较为平缓，但从图中可以明显看出，2014~2017 年增长率一直处于下降的趋势，由 2014 年的 12.7% 跌至 2017 年的 10.4%，随后有一个缓慢上升的状态，回升至 2019 年的 11.1%。

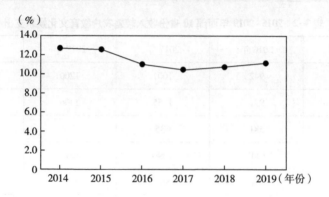

图 3-1 广西收入较差地区农村常住居民人均可支配收入增长率

如图 3-2 所示，重庆收入较差农户人均可支配收入较广西收入较差农户收入波动幅度略大，整体增长率表现为 2014～2015 年由 12.8%上升至 13.4%，人均可支配收入有明显提升，但随后又逐年下降至 2017 年的 10%，后又缓慢上升至 2019 年的 10.9%。总体而言，重庆收入较差农户人均可支配收入增长动力欠缺，2019 年增长率较 2014 年有明显降低。

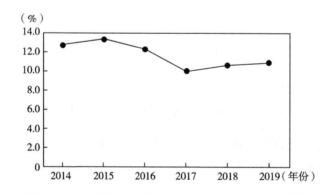

图 3-2 重庆收入较差地区农村常住居民人均可支配收入增长率

如图 3-3 所示，四川收入较差农户人均可支配收入增长波动幅度与广西较为相似，有小幅曲折，2014～2016 年增长率有明显下降，由 12.9%变化至 10.5%，2016～2019 年增长率总体表现为上升，但变化幅度较小。

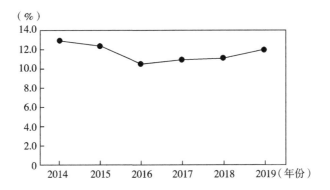

图 3-3 四川收入较差地区农村常住居民人均可支配收入增长率

如图 3-4 所示，贵州收入较差地区农村常住居民人均可支配收入增长率在图形上表现为先平滑下降后缓慢上升的"U"形曲线，收入较差农户人均可支配收入从 2014 年增长率 14.8%一直下降至 2018 年 9.8%，2019 年收入增长又小幅回转至 11%。

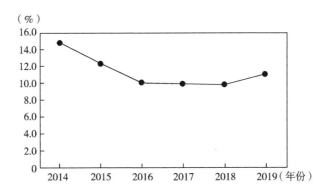

图 3-4 贵州收入较差地区农村常住居民人均可支配收入增长率

如图 3-5 所示，云南收入较差农户人均可支配收入增长率变化幅度与贵州总体变化趋势异曲同工，相较而言，云南变化幅度更小，2018 年人均可支配收入增长率为 10.4%，与 2014 年增长率相比下降 2%，2018~2019 年云南收入较差农户人均可支配收入由 9595 元增长至 10771 元，增长率几乎回升至 2014 年水平。

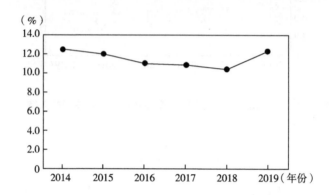

图 3-5　云南收入较差地区农村常住居民人均可支配收入增长率

如图 3-6 所示，陕西收入较差地区农村常住居民人均可支配收入变化总体也表现为"U"形，2014~2016 年陕西收入较差地区农户人均可支配收入增长动力不足，连续两年增长率下降，2017 年名义增长率回升至 10.4%，2018 年依然保持 10.4% 的增长幅度，2019 年小幅回升至 11.2%。

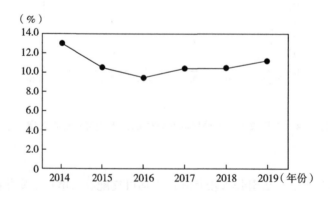

图 3-6　陕西收入较差地区农村常住居民人均可支配收入增长率

如图 3-7 所示，甘肃收入较差农户人均可支配收入波动较为曲折，在 2015 年时增长率有小幅下降，但 2016 年较 2015 年增长率有明显下跌，由 13.2% 跌至 9.4%，后小幅缓慢上升，在 2019 年收入较差地区农村常住居民人均可支配收入达到 8592 元。

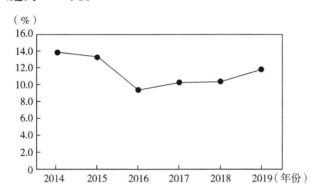

图 3-7　甘肃收入较差地区农村常住居民人均可支配收入增长率

如图 3-8 所示，青海收入较差农户人均可支配收入增长率在 2014～2015 年有明显大幅下降，由 12.7% 降至 8.9%，但从 2015 年开始就逐年小幅缓慢回升，转折点相比其他收入较差地区较早，且 2016 年与 2017 年增长率相同，均为 9.2%。

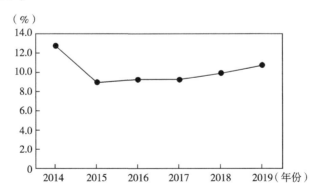

图 3-8　青海收入较差地区农村常住居民人均可支配收入增长率

如图 3-9 所示，宁夏收入较差地区农村常住居民人均可支配收入变化一波三折，2014 年增长率为 12.2%，2016 年下跌至 9.4%，后又小幅上涨至

2017 年的 11%，但 2018 年又下降至 10.6%，2019 年收入较差农户人均可支配收入增长率又回升为 10.9%。

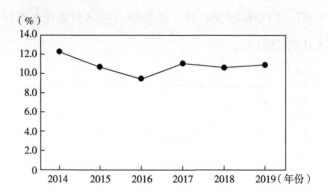

图 3-9　宁夏收入较差地区农村常住居民人均可支配收入增长率

如图 3-10 所示，新疆收入较差农户人均可支配收入增长情况较前 9 个省份大有不同，新疆 2014~2016 年及 2018~2019 年人均可支配收入总体变化幅度都很小，名义增长率在 10%水平上下波动，但 2017 年新疆收入较差农户人均可支配收入为 9985 元，较 2016 年的 8055 元增长约 23.96%，在新疆 2014~2019 年收入较差地区人均可支配收入增长变化中表现为明显凸起。

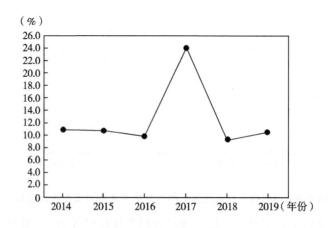

图 3-10　新疆收入较差地区农村常住居民人均可支配收入增长率

通过折线图及文字的形式对 2014~2019 年西部收入较差地区农村常住居民人均可支配收入增长率进行描述，发现青海收入较差农户人均可支配收入增长率在 2014~2015 年有下降，四川、陕西、甘肃、宁夏和新疆在 2014~2016 年收入较差农户人均可支配收入增长情况逐年递减，广西和重庆在 2014~2017 年均表现为收入较差地区人均可支配收入增长动力有不同幅度下降，贵州和云南在 2014~2018 年人均可支配收入增长动力持续不足。总体表现为在 2017 年之前，西部各省份收入较差地区农户收入增长动力欠缺，增速减缓，2017 年后大部分省份收入较差地区收入增长情况有所回升，收入较差地区农村居民在收入方面波动性较大，收入可持续增长机制尚未完善，不利于收入较差地区农户提升收入质量、改善生活水平。

3.2.3　西部农户收入结构性

西部地区农户收入主要包含工资性收入、经营性收入、财产性收入和转移性收入，由于西部地区农户所能接触的外界资源信息有限，掌握知识技能水平较低，因此西部农户在收入方面的主要来源依然是经营性收入，且主要是通过进行种植和养殖等农业生产经营活动获得收入。但这一比例随着国家乡村振兴政策的颁布，对农户就业方面的支持力度不断加大，也有相应的下降。本部分数据均来自国家统计局历年公布的相关报告。由图 3-11~图 3-20 可知，西部地区农户收入结构上，经营性收入在总收入中占据 1/3 以上的比重，甚至有部分省份农户经营收入占比在 50% 以上。随着城镇化率不断提高，一方面，越来越多企业入驻农村地区，通过改善农村地区产业结构，带动产业融合发展，为农村地区居民提供了更多创业与就业机会；另一方面，农村地区劳动者对农村外资源信息获取率不断增加，越来越多农户选择外出务工，通过开阔眼界，掌握技能，融入社会经济发展，因而工资性收入占可支配收入的比重也在不断增加，甚至一度超过经营性收入占比。此外，农村地区农户收入情况受到政府部门的高度重视，政府通过加大财政补贴力度，不断提高乡村振兴助力资金投放金额，因此，西部大部分省份农村地区转移性收入贡献率可达20%以上，且较为稳定，几乎没有太大波动，为农户医疗、生育、住房、养老和退休等方面提供了坚实的保障。同时，由于农户收入水平较低，金融知识薄弱，财富积累较少，因而，西部各省份收入较差地区农户财产性收入在总可支配收入中占比都较低，约在2%水平波动。具体各省份收入较差地区收入结构情况如下：

如图3-11所示，广西收入较差地区农户经营性收入在可支配收入中占比较工资性收入、财产性收入和转移性收入高，虽然2014～2019年均未超过50%，但也在40%～50%，且呈逐年递减趋势。工资性收入占比与转移性收入占比较为一致，都以逐年递增的趋势保持在24%～30%，财产性收入占比较低，2014年和2015年财产性收入占比不到1%，自2016年起有所突破，但依然不足1.5%，总体来看，广西收入较差农户在2014～2019年收入结构整体向好发展。

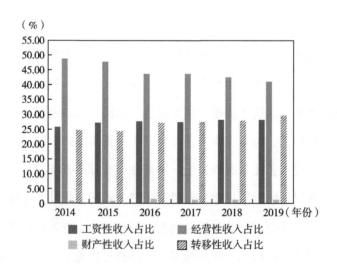

图3-11　广西收入较差地区农户收入结构占比

如图 3-12 所示，重庆收入较差地区农户收入结构与广西较为相似，但比广西收入较差地区农户收入结构要更为合理均衡，重庆收入较差地区农户经营性收入在可支配收入中占比逐年递减，波动范围在 38%～44%。与此同时，工资性收入占比和转移性收入占比逐年增加，2014～2016 年，重庆收入较差农户工资性收入数额小于转移性收入，从 2017 年开始反超，工资性收入占比在 2018 年时突破 30%。此外，重庆收入较差农户财产性收入在 1.8% 上下浮动，2014～2019 年占比都较为均衡。

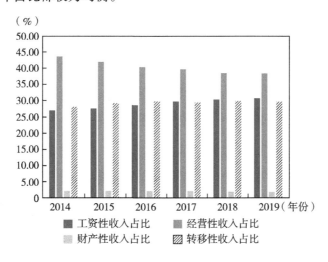

图 3-12　重庆收入较差地区农户收入结构占比

如图 3-13 所示，四川收入较差地区农户工资性收入占比与经营性收入占比在 2014 年时就相差不大，工资性收入占比为 36.79%，经营性收入占比为 42.5%。与广西和重庆收入较差地区不同的是，四川收入较差农户工资性收入占比与经营性收入占比均逐年递减，而转移性收入则表现出明显的逐年递增的趋势，财产性收入占比变动则是呈倒"U"形，2014～2016 年财产性收入占比增加，2016～2019 年财产性收入占比递减。但综合来看，四川收入较差地区农户工资性收入、经营性收入和转移性收入占比基本都保持在 33% 上下，收入结构是西部省份中最为均衡的。

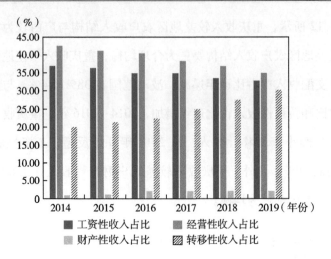

图3-13　四川收入较差地区农户收入结构占比

如图3-14所示，贵州收入较差地区在条形图中明显可以看出工资性收入和经营性收入在可支配收入中占据绝对比重，2014年和2015年，工资性收入占比和经营性收入占比几乎趋同。从2016年开始，工资性收入占比超过经营性收入占比成为贵州收入较差农户家庭收入的主要来源。转移性收入占总可支配收入比重逐年递增，但贵州收入较差农户所获得的财产性收入较低，2014～2019年财产性收入占比均在1%水平以下。

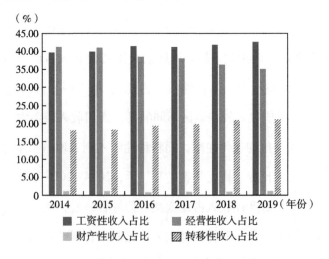

图3-14　贵州收入较差地区农户收入结构占比

如图 3-15 所示，云南收入较差地区农户收入在 2014~2017 年都表现出极为明显的不均衡现象，收入较差农户以经营性收入为主要来源，经营性收入占比超过 50%。但随着工资性收入占比和转移性收入占比的不断提高，2018 年云南收入较差农户经营性收入占比跌至 48.54%，工资性收入和转移性收入之和占比超过 50%，云南收入较差农户财产性收入占比与贵州地区相比还略低一些，2014~2019 年农户财产性收入占比均未超过 0.9%。

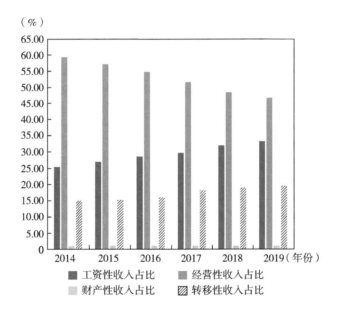

图 3-15 云南收入较差地区农户收入结构占比

如图 3-16 所示，陕西收入较差地区农户收入结构中工资性收入在可支配收入中占比要高于经营性收入，这一特点与西部其他 10 个省份均不相同。陕西收入较差农户以工资性收入为主要收入来源，2014 年工资性收入占比为 40.66%，此后逐年小幅递增。经营性收入占比在条形图中表现为明显的递减趋势，转移性收入在 2015~2016 年有轻微的下降，总体占比趋势是逐年增加，且陕西收入较差农户财产收入对收入较差农户收入也有一定贡献率，占比在 1%~1.5%。

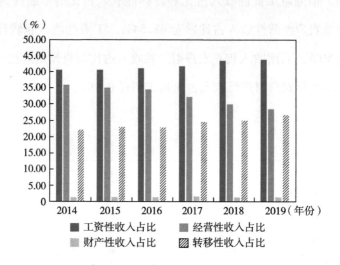

图 3-16　陕西收入较差地区农户收入结构占比

如图 3-17 所示，甘肃收入较差地区 2014~2019 年农户工资性收入、经营性收入、财产性收入和转移性收入在可支配收入中占比波动幅度较小，从条形图中可见每年占比几乎持平。具体而言，甘肃收入较差地区农户工资性收入占比在 2014~2016 年表现为逐年递增，由 30.04% 上涨至 31.17%，2017 年有小幅度下降后，2018 年又回升至 31.17%，但在 2019 年又下降至 30.91%，工资性收入增长性方面较为欠缺；经营性收入占比则是自 2014 年开始逐年递减，由 41.42% 下降至 39.9%；转移性收入占比除 2015 年有下降外，其余年份均表现为逐年递增。总体来看，甘肃收入较差农户以经营性收入为主要收入来源，其次是工资性收入，再次是转移性收入，财产性收入占比最低，整体收入结构较为均衡。

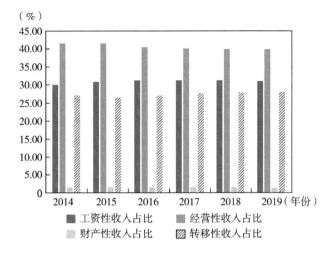

图 3-17　甘肃收入较差地区农户收入结构占比

　　如图 3-18 所示,青海收入较差地区农户收入结构与其他省份收入较差地区农户收入结构在财产性收入占比上有明显不同。青海收入较差地区农户财产性收入占比在 2014~2019 年均超过 3%,对收入较差农户收入有一定贡献率。由条形图可见,青海收入较差地区农户工资性收入占比在 2014~2019 年表现为先增加再减少再增加;经营性收入占比在 2014~2019 年呈现先减少再增加再减少的趋势;转移性收入占比则是呈倒"U"形,在 2014~2016 年逐年递增,在 2016~2019 年逐年递减。总体而言,青海收入较差地区农户以经营性收入为主,但收入结构波动较频繁,不利于农户收入稳定持续增长。

　　如图 3-19 所示,宁夏收入较差地区农户工资性收入占比和经营性收入占比近乎相同,基本都在 35%~43% 范围内波动,意味着宁夏收入较差农户务工收入和农业生产经营活动收入均为主要收入来源。转移性收入在可支配收入中占比表现为明显的逐年递增趋势,由 2014 年的 21.02% 递增至 2019 年的27.43%。2017 年财产性收入占比最高。

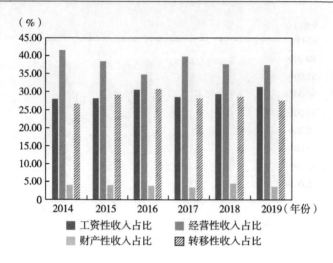

图3-18 青海收入较差地区农户收入结构占比

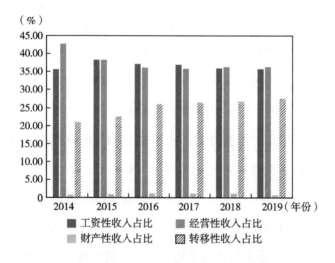

图3-19 宁夏收入较差地区农户收入结构占比

如图 3-20 所示，新疆收入较差地区农户收入结构在条形图中可以明显看出经营性收入占绝对比重，2014～2019 年，经营性收入占比均值为 49.64%，为新疆收入较差农户主要收入来源。工资性收入较经营性收入次之，2014 年占比为29.3%，2016年占比增长至30.58%，但2017年工资性收入在可支配收入中的占比有明显下降，2017~2019年工资性收入占比又缓慢上升。转移性收入占比总体表现为逐年增加的趋势，由2014年的15.81%增长至2019年的23.71%。新疆收入较差农户在财产性收入获得上的波动较大，且其财产性收入对农户收入总额贡献率较低。

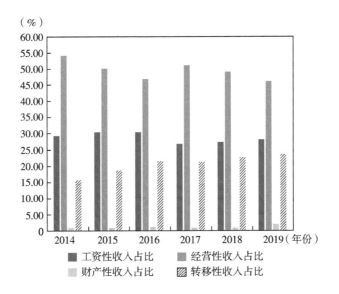

图3-20　新疆收入较差地区农户收入结构占比

3.2.4　西部农户收入成本性

农户收入成本主要表现为在获取收入过程中所支出的费用，以及长期无法与家人见面所需要付出的亲情成本（邓锴，2014）。由于国家相关部门没有公布农户收入成本的相关数据，但收入成本对于农户收入而言又非常重要，直接体现其收入获取效率和实际可支配收入状况，自脱贫攻坚工作开始以后，各级政府为促进农户收入提高，采取为农户免费发放种苗降低生产经营成本、发展农村电商降低销售和物流成本等多种方式，千方百计降低农户收入成本，因此本部分内容主要论述脱贫攻坚工作开始以来，西部各省份在降低农户收入成本方面的相关举措，包括但不限于农产品生产、运输、销售等多个环节。受到篇幅限制，这里对每个省的工作仅举几个典型事例。

在陕西，延川县延水关镇引导当地农户与公司签订绿色食品生产基地建设合同，公司无偿给他们提供种子、化肥、技术，降低农户农产品生产成本，还通过网络电子商务将农户的农产品推向全国各地；西乡县电子商务公共服务中心在农作物成熟时节开展"西乡有李"网络直播活动，利用抖音等短视频平台直播，2020年的一次直播基本消化了二郎村、龙王沟村等6个经济落后村落的库存李子，有效降低了农户农产品销售成本。①

在甘肃，凉州区新华镇大力发展食用菌产业，搭建电商物流平台，探索线上线下多元化销售渠道，降低农户收入成本；静宁县抢抓"互联网+"发展机遇，不断扩大静宁苹果在各大电商平台的网络销售规模，壮大电商队伍，加强电商领军人才培训及电商基地网络建设，畅通农产品网上销售渠道，降低农户农产品销售成本。②

在宁夏，盐池县近年来大力发展农村电商，将其作为巩固拓展脱贫攻坚成果与乡村振兴有效衔接的重要抓手，进一步提高农特产品销售效率，降低农户收入成本支出；在银川市良田镇建立果蔬分拣市场，于2022年3月启用，有效解决了周边农户温棚果蔬销售难题，让蔬果搭上直采直销的快车。这样不仅可以降低农户收入成本，还能为周边村庄的妇女、困难群众等提供200多个就业岗位，使这些农户不必再去很远的地方务工，降低了农户工资性收入的获取成本和亲情成本。③

---

① 资料来源：陕西省乡村振兴局网站 http：//xczxj. shaanxi. gov. cn/。
② 资料来源：甘肃省农业农村厅网站 http：//gs. news. cn/。
③ 资料来源：宁夏回族自治区乡村振兴局网站 http：//xczxj. nx. gov. cn/。

在青海，同仁市在"互联网+"的大背景下，通过线上线下相结合的方式，不断拓宽热贡艺术作品销售市场，在为当地农户创作的艺术品打开销路的同时，提高了艺术品农户的收入获取效率，使得当地农户不用再线下寻找买家，降低了销售成本。① 青海省财政厅划拨大量资金，建立物流仓储分拨配送中心，完善全省农牧区县乡村三级物流体系建设，针对青海省地广人稀的特点，持续开展边远乡村快递上下行末端物流补贴政策，为当地农村电商发展助力，降低了农户农产品的销售成本。②

在新疆，阿勒泰地区福海县加大电商平台的作用，通过网络直销拓宽农牧民群众的市场；2020 年新疆伊犁哈萨克自治州特克斯县农牧产品消费乡村振兴基地在南京农副物流会展中心挂牌，开设特克斯农牧产品销售专区，支持特克斯优质农牧产品进入连锁配送网络，以降低农户农产品销售成本。

在四川，宜宾市屏山县书楼镇高田村采用"公司+农户+合作社"的发展模式，主动为菌农提供菌种、免费技术指导，帮助农户拓展销售渠道并对菌农实行保底价收购，降低农户生产成本和销售成本，提高农户收入获取效率；凉山彝族自治州德昌县大力发展农村电商，为樱桃、桑葚、枇杷等特色水果打通线上通道，使农产品走出川渝，远销全国各大城市，降低了农户销售成本，极大提升了农户农业生产经营积极性。③

在云南，丽江市宁蒗彝族自治县结合市场需求，引进、培育优质品种，并免费发放给农户，降低农户生产成本；建设年产 5 万吨的有机肥料厂和冷库，降低农户种植成本和储藏成本。大姚县大力发展农村电商，引导企业积极抢抓以电商带动发展为代表的"线上"新零售需求机遇，降低农户农产品运输成本；依托"线上无接触"配送优势，以农户为基础、以电商产业为抓手、以

---

① 资料来源：青海省乡村振兴局网站 http://xczxj.qinghai.gov.cn/。
② 资料来源：玉树新闻网站 http://www.yushunews.com/。
③ 资料来源：四川省乡村振兴局 http://xczxj.sc.gov.cn/。

快递物流业为骨干，通过线上交易、线下配送、电话联系和无接触交货方式，全力打通"产—销—运"环节，尤其是针对云南省山多、物流成本较高的问题，有关部门还会举办各类农产品电商直播拼购节，大力推销寻甸红皮洋芋、宜良紫皮洋葱、石林苞谷、晋宁鲜花等农特产品，积极为农户与卖主之间牵线搭桥，降低农户农产品运输和销售成本。①

在贵州，针对当地道路建设难度大、成本高，导致农产品运不出去的问题，省政府启动"通村村"农村出行服务平台建设，并在雷山县试点运营，通过"以客带货"的方式，将各村级电商服务点的货物运至县城快递公司，降低农户农产品运输成本。2018 年以来，印江县以实施"全国电子商务进农村综合示范县"为抓手，创新推进电商驿站基础网、营销网、物流网"三张网"建设，打造农村电商"升级版"，进一步拓宽农产品销售渠道，在助推农产品从"小农户"迈向"大市场"的同时，进一步降低农户农产品销售和物流成本。②

在重庆，当地政府结合本地区资源禀赋实际，决定开展养鸡产业，积极对接相关企业，由爱心企业出资购买成规模数量的鸡崽，由乡村振兴局指导各镇相关部门，将鸡崽分发到农户手中，并形成定例，每年春秋两季各发放一次，持续性降低农户农业生产成本，助力村民增收。

重庆市还将行政村通畅工程建设作为交通乡村振兴工作的重要内容，全面提速打好交通乡村振兴推进行动。2016 年共建成村通畅工程 6677 公里，1212 个行政村实现了公路通畅，解决了近 166 万农村群众出行难的问题，全市具备条件行政村公路通畅率达到 100%，切实改善了广大农村地区的交通条件，降低了农户的出行成本和运输成本。但受地形影响，交通运输还是重庆的短板。奉节县针对交通基础设施不足、物流成本高的问题，积极与相关电商企

---

① 资料来源：云南省乡村振兴局网站 http：//ynxczx. yn. gov. cn/。
② 资料来源：贵州省乡村振兴局网站 http：//xczx. guizhou. gov. cn/。

· 66 ·

业对接,借电商促进乡村振兴、互联网减贫的有利形势,推进农村淘宝"千县万村"工程,建起农产品对接外部大市场的桥梁和纽带,降低农户农产品运输和销售成本。①

在西藏,政府多年来免费发放牦牛常见病疫苗和驱虫药等兽医药品、牛羊育肥饲料 10 余吨。向农户免费发放青稞、马铃薯等种子、有机肥 60 吨,树木种苗 8 万余株,极力降低农户农产品生产经营成本,助力当地农牧民群众增产增收。林芝市于 2020 年 10 月设立林芝市电商·消费帮扶一条街,搭建消费者购买产品渠道,帮助西藏的农特产品走向全国,降低了农户农产品运输和销售成本。②

在广西,柳州市融水苗族自治县 2020 年向柳州市农业科学研究中心争取到 2 万棒毛木耳菌棒,免费分发给农户,降低了农户农产品生产成本;梧州市深入推进农村电商发展,推进电子商务进农村综合示范工程,拓宽网络销售渠道,对六堡茶、火龙果、富硒大米、古典鸡等近百种名特优农产品进行线上推广及销售,降低农户销售成本。③

此外,很多西部省份还号召相关企业,对在本企业务工的农户进行食宿补贴,降低他们的务工成本。总之,通过对西部省份相关工作的梳理可以看出,西部各省均高度重视农户收入成本控制工作,积极采取各种措施,降低农户生产成本,并收到了实际效果。

3.2.5 西部农户收入知识性

习近平总书记强调,"扶贫先扶志""扶贫必扶智",足见提升工作技能在乡村振兴工作当中的重要性和紧迫性。很多地区的农户之所以长期无法在收入

---

① 资料来源:重庆市乡村振兴局网站 http://fpb.cq.gov.cn/。
② 资料来源:西藏自治区乡村振兴局网站 http://xczxj.xizang.gov.cn/。
③ 资料来源:广西壮族自治区乡村振兴局网站 http://xczx.gxzf.gov.cn/。

数量上取得提升，主要的原因被归纳为"缺资金，缺技术"。技术能够直接体现出农户在就业市场上的可替代性，技术越高、越精，越不容易被替代，收入状况也往往越好。同样由于国家相关部门没有公布农户收入获取技能方面的相关数据，但收入获取技能对于农户收入而言又非常重要，之前学者以普通农户为调研对象的相关研究表明，收入知识性是收入质量的核心，直接体现出农户收入获取能力，因此脱贫攻坚开展以来，各级政府均高度重视农户工作技能提升工作，将其看作是"拔穷根"的重要手段。这里同样对每个省份的工作仅举几个典型事例。

在陕西，宝鸡市凤翔区人社局常年组织开展各种专业就业技能培训班，学员覆盖收入较差劳动力与富余劳动力，切实增强了群众在就业市场上的竞争力；洛南县人社局不断优化培训政策，将育婴员、保育员、家政服务员、养老护理员等工种纳入培训范畴，鼓励支持培训机构加大技能工种培训力度。勉县大力开展以"健康养生"为主的康养、家政类培训，以电工、焊工为主的实用技能培训，以电子商务师为主的直播电商从业人员培训等，切实提高农户工作技能，帮助其通过技能增收。根据公开报道的信息，2021~2022 年，该县共开办修脚师、家政师、美容师、电商直播等各类技能培训班 66 期，728 人经过培训实现了稳定就业，平均月工资保持在 5000 元以上。①

在甘肃，渭源县围绕道地药材种植、蔬菜种植、玫瑰种植等，对当地农户开展技术帮扶；宁县举办金银花实战技能培训。据统计，包括农户在内的宁县 8 个乡镇 66 个村共有 1.2 万户村民通过培训提高了金银花种植技能，收入得到增加。②

在宁夏，吴忠市红寺堡区新庄集乡康庄村多次举办装载机操作培训班，帮助农户掌握操作技能；洪广镇积极开展新型职业农民培训需求调研，为保障摸

---

① 资料来源：陕西省乡村振兴局网站 http://xczxj.shaanxi.gov.cn/。
② 资料来源：甘肃省农业农村厅网站 http://gs.news.cn/。

底效果，洪广镇在充分调研的基础上，利用各类产业园示范基地、教育培训资源，由村民"点单"、政府买单开展有针对性的培训，促进生产技能的提升，带动产业发展。农工党宁夏区委会与宁夏乡村振兴局多次联合举办的农村致富带头人（农业经理人）培训班，组织同心、海原、红寺堡、原州、西吉、盐池、隆德、泾源、彭阳9个重点帮扶县（区）的农户积极参加。①

在青海，依托各地区基层服务平台，广泛收集包括农户在内的广大劳动者的培训需求，大力开展面向就业重点群体、农村劳动力的职业技能提升行动。在前期充分调研的基础上，根据劳动力就业意愿和培训需求，有关部门科学配置师资力量，大力开展汽车驾驶、中式烹饪、挖掘机操作等就业行情较好的技能培训班，让广大农户通过提升技能实现高质量就业。② 当地学校也加入到针对农户开展的技能提升培训班中，并采用驻村授课、学成后推荐就业的方式，吸引了一大批农户参加培训。③

在新疆，伊犁哈萨克自治州新源县塔勒德镇开设冬季民居装修培训班，坚持理论与实际相结合的教学方式，理论课安排20天，实际操作安排了25天，使得农户工作技能得到切实提高；阿合奇县阿合奇镇针对改变传统放牧方式、提高畜牧业质量和效益等问题开展了脱贫攻坚"冬季攻势"畜牧培训，帮助农户用科学的养殖手段，提高畜牧业产量。在阿图什市，农牧民科普培训基地常年为当地农户提供美容美发、酒店管理、家政服务、汽修等技能培训，帮助他们获得一技之长。④

在四川，仁寿县长期举办以种植技术为主的农村实用技能培训班，内容涵盖柑橘、花椒、辣椒的栽培与管理，病虫害防治等理论知识，以及田间水分管

---

① 资料来源：宁夏回族自治区乡村振兴局网站 http：//xczxj. nx. gov. cn/。
② 资料来源：青海省乡村振兴局网站 http：//xczxj. qinghai. gov. cn/。
③ 资料来源：青海省全方位开展职业技能培训网站 https：//www. sohu. com/。
④ 资料来源：新疆维吾尔自治区乡村振兴局网站 http：//xczx. xinjiang. gov. cn/。

理、配方施肥、修剪方法等实操技能，以提高农户农业生产技能，增加产量。泸州市面向农户，长期开展"以培训促就业，以技能惠群众"的免费就业技能培训。培训内容主要为中式烹调技能等，很多参加技能培训的农户，在结业时都达到了就业岗位基本要求，技能掌握情况良好。[①]

在云南，鲁甸县长期开展挖掘机驾驶员、电工、家电维修、民族手工艺、家政服务、家禽饲养等13个工种的技能培训，累计培训113期。其中，第一批培训项目于7月末实施完成，培训涉及焊工、家电维修、食用菌栽培、乡村养老护理等10个工种，共58期；第二批培训项目于8月份开展，涉及电工、焊工、家禽饲养、民族服饰制作、家政服务等11个工种，共55期。曲靖市罗平县对九龙、长底、旧屋基、大水井、鲁布革5个乡镇（街道）的绣娘开展刺绣培训，不仅增强了县域传统刺绣文化传承活力，更为农村妇女居家创业、实现就近就地转移就业提供了坚强有力的保障。[②]

在贵州，紫云自治县围绕"产业、市场"高质量推进职业技能培训，大力开展以电工、中式烹调师、家政服务、粤菜师傅为主的"订单式、定向式"培训。公开资料显示，2022年紫云自治县共计开展东西部培训13个班，惠及人数558人，培训人员实现就业418人，就业率达75%。织金县围绕秋冬种油菜、马铃薯、小麦、蔬菜、食用菌等重点产业，组织科技特派员开展"送技上门"服务，提高农户农业生产技能。[③]

在重庆，酉阳车田乡针对农户家庭中的女性成员，启动重庆市"巾帼脱贫技能大培训"项目，涉及家政服务、月子护理等。潼南区面向农户开展技能培训，内容有挖掘机操作、叉车操作、中式烹饪、中式面点、鲜面制作、汽车美容、家政服务、母婴护理、健康照护师、养老护理、病人护理、全媒体运

① 资料来源：四川省乡村振兴局网站 http：//xczxj．sc．gov．cn/。
② 资料来源：云南省乡村振兴局网站 http：//ynxczx．yn．gov．cn/。
③ 资料来源：贵州省乡村振兴局网站 http：//xczx．guizhou．gov．cn/。

·70·

营师等容易就业的相关工种。潼南区乡村振兴局长期组织农户到万州电子信息工程学校学习挖掘机操作技术，并帮助联系工作单位。

在西藏，林芝市乡村振兴局结合当地气候特点，长期举办种养殖实用技能培训班，内容包括果树栽培、食用菌种植等，在技能培训的同时，还对乡村振兴相关的法律法规进行讲解，旨在增强农牧民对于相关政策法规的了解，着力于提升工作技能水平。山南市贡嘎县朗杰学乡不定期开展技能培训班，培养产业发展人才，并邀请金丝藏帽编织传统手艺师傅、自治区农科院金银花种植和奶牛养殖专家等现场教学。公开资料显示，培训藏帽制作、氆氇编织技术能手351 人，初步建成了"藏帽生产一条街"和"公司+农户"的氆氇编织专业合作社，通过提升当地农户工作技能，带动藏帽产业发展。①

在广西，梧州市组织市管相关技能培训学校，邀请对口专家，对农户开展从育苗、防疫、疾病治疗到饲养管理等"一条龙"式的系列讲座，深入讲授现代养鸡技术，并加大实操课程的比重，确保农户养鸡技能能够得到切实提高，学得会，用得上。东兰县不定期开展美妆技巧和手工发饰制作技能培训，截至2022 年，已经累计免费培训劳动力5000 多人，提高了他们的工作技能，为东兰县农村劳动力就业、稳岗提供有力保障。

3.3 西部农户收入质量仍有提升空间

收入数量直接反映农户收入波动情况，是农户收入量变的外在表现；收入质量则体现为内在影响因素对农户收入水平作用情况，是农户收入质变的内部

---

① 资料来源：西藏自治区乡村振兴局网站 http：//xczxj.xizang.gov.cn/。

表现。收入数量是收入质量提高的必要前提，收入质量是收入数量稳定增长的有力保障。二者相辅相成，但在时间上存在一定的不同步性，即收入质量的提升不会实时反映到收入数量上来，但随着时间的推移，会在收入数量上有所体现。而收入数量的增加，则不一定都是收入质量提升所引起。在一些西部地区，有关部门对农户收入数量关注度更高，更多是将农户收入数量作为政策实施结果的考核目标，至少是权重较大的考核目标，而对提高农户收入质量、构建长效可持续的农民收入增长机制考虑得相对要少一些，客观上使得农户收入质量属性仍有一定提升空间。

通过本章 3.2 节的数据可以看出，西部省份农户人均可支配收入总体都表现为逐年递增的趋势，绝大部分省份收入较差农户人均可支配收入在 2019 年都突破 10000 元门槛，西部经济欠发达地区在现行收入标准下也逐步实现乡村振兴，农户生活水平得到有效提升。但就农户收入增长性而言，2014~2015 年青海收入较差农户人均可支配收入有明显下降，2014~2016 年四川、陕西、甘肃、宁夏和新疆收入较差农户人均可支配收入增长率不断下降，广西和重庆经济欠发达地区农户人均可支配收入增长率在 2014~2017 年持续下降约 3%，贵州和云南收入较差农户人均可支配收入增长率在 2014~2018 年呈现逐年递减趋势，且各个省份人均可支配收入增长率后续回升幅度也小于前期增加幅度，西部省份均不同程度表现出增长动力不足的现象。就农户收入结构性而言，由于农户可投资资金较少，地区金融机构覆盖率低，农民金融素养薄弱，导致大部分农户都不具备投资理财的能力，财产性收入在其可支配收入中比重普遍过低。贵州和宁夏农户的经营性收入与工资性收入占可支配收入比重基本持平，占比在 35%~40%，其他省份农户可支配收入中经营性收入占比均在 30% 以上，在可支配收入中占据绝对比重，但西部地区各个省份农户的工资性收入与经营性收入之和几乎占总收入的 70%~80%，转移性收入占 20%~30%。总体来看，西部地区农户收入中工资性收入和经营性收入为主要收入来源，占绝对比重，转移性收入占比次之，财产性收入仅占1%~3%，占比过少，西部农户收入依然存在结构不合理的问题。就成本性而言，虽然没有找到相应的统计数据，但国家有关部门也确实花大力气进行收入成本削减，在课题组实地调研中也发现，西部农户收入成本性有所降低。但依据理性小农理论，农户可以根据收入来决定相应的成本支出，因此该维度与农户收入质量之间的关系目前理论界还在研究，包括农户收入质量的提出者之一的孔荣教授在内的一些学者甚至强调要重新考虑成本性作为收入质量的一个维度的必要性，但不可否认的是，成本性的下降，确实有助于农户可支配收入数量的提升。就农户收入知识性而言，西部各省确实都想了很多办法，采取很多举措来提高农户的工作技能，但还有很多农户依然以付出体力为主要的收入获取方式，专业技能掌握存在明显不足，人才资本质量有待进一步提高。

综上所述，我国脱贫攻坚工作已经取得全面胜利，西部地区农户虽然在收入数量上已经超过脱贫标准，基本生活得到保障，但全面考虑农户收入增长性、结构性、成本性和知识性等因素发现农户由于专业技术掌握能力仍有欠缺，收入结构还有改进空间，且个别经济欠发达地区农户收入波动较大，抵御外界干扰能力不足，收入获取的"造血"能力还有待提升。虽然西部地区农户已实现脱贫，但由于长效可持续收入增加机制的构建尚未完成，农户收入质量还有一定提升空间，返贫风险还不能说已经完全得到控制。

4 基于西部农户收入质量视角的 直接金融支持政策评价（上）

习近平总书记在 2015 年的中央扶贫开发工作会议上强调，要"扩大扶贫贴息贷款规模，撬动更多信贷资金支持贫困户发展生产和就业创业"。对农户提供涉农贷款和农业保险服务，是各地金融支持的重要手段。本章将重点研究涉农贷款、农业生产保险等直接面向农户设置的金融支持政策对于农户收入质量的影响。由于直接面对农户，这些金融产品扶贫作用的好坏，对于整个金融支持政策具有较为明显的标识作用，因此，很多地区对这一类型模式非常重视，高度关注这一模式对农户收入提升的带动作用。但在考察此类模式的成果时，现有研究更多关注其对农户收入数量的影响，一定程度上忽视了其对于农户收入增长持续性、各种收入来源所占比例等收入质量特征属性的影响。本章将农户收入质量概念引入相关研究中，探究涉农贷款和农业生产保险对于农户收入质量的影响。

4.1 直接金融支持政策对西部农户收入质量的影响机理分析

本部分内容将探究金融支持对农户收入质量的直接影响。依据前文所给出的定义，所谓直接金融支持，就是指农户直接接受了金融支持政策所提供的优惠金融服务，主要为获得涉农贷款、购买农业保险等。下面将分别对贷款、保险两种金融支持类型对农户收入质量的影响进行影响机理分析。需要说明的是，从前文对当前已有金融支持政策的梳理可以看出，针对农户的贷款种类很多，有小额信贷、贴息贷款以及一些特色贷等。尽管这些贷款在放款流程、还款期限、利息规定等方面均存在一定差异，但本质都是对农户进行相应的资金支持，以帮助其提升生活水平，因此在分析中将不做区别。保险方面，农业生产保险作为直接金融支持的另一重要业务，受到西部各省的广泛关注，所出台的金融支持相关政策中，均有不同程度的涉及。各项金融支持政策中针对农户的保险服务主要分为人身保险和农业生产保险，一般意义上的财产保险相对较少。正如前文分析所指出的，推广人身保险主要是为了提高农户的医疗风险抵御能力，减轻医疗支出给农户带来的经济负担，从收入质量角度来看，可能更多会对农户的收入充足性产生影响，对于其他维度，难以从理论上分析其影响方向和影响程度。而农业生产保险推广的目标才是对农户收入进行保障，因此在后续有关保险对农户收入质量影响的研究中，本书主要研究农业生产保险对于农户收入的影响。

4.1.1 涉农贷款政策对西部农户收入质量的影响机理分析

贷款对于农户收入充足性应当具有正向影响，主要原因是，农户将申请所得的贷款运用于生产经营领域，尽管近些年受全国经济增速放缓等不利因素影响，生产经营的风险有所增加，但各级党委和政府主动应对，综合运用财政、金融等多种政策工具，为农户尤其是农户的生产经营创造有利条件，社会各界也对农户的生产经营予以很大程度的关注和支持。很多农户在申请贷款资金时，也已经想好资金的用途和使用方式，因此，获得涉农贷款应当会增加农户收入数量，改善家庭收支状况，提升收入充足性。收入增长性方面，农户获得涉农贷款，并应用于生产经营，能够形成新的收入来源，并且与工资收入等资金获取方式不同，生产经营具有一定的规模效应，能够为农户带来较快的收入提升，推动其收入增长。收入结构性方面，获得涉农贷款在为农户带来新的收入来源的同时，也应当会改善其收入结构。由于转移性收入的变化受农户主观能动性的影响较小，因此伴随着农户贷款的申请，其生产经营收入应当会增加，在财产性收入、工资性收入不出现大的波动的前提下，相应地转移性收入在总收入当中所占比例应当会缩小。收入成本性方面，当农户缺乏收入来源选择、在市场上处于被动地位时，农户的收入数量往往是固定的，对收入成本控制往往束手无策，因此收入成本与支出之间的比例往往居高不下，很多农户之所以长期难以摆脱经济状况较差的状况，其中一个重要因素就是对于收入成本控制的乏力。但当进行规模养殖等生产经营后，农户对于生产成本的控制有了一定的"话语权"，能够自主决定一部分成本开支的规模、周期以及方式，同时正如前文所分析的那样，农户收入数量将有所提升，因此，农户的收入成本状况应当会有所好转。收入知识性方面，伴随着农户获得涉农贷款并开展生产经营活动，多数人会留心于经营方面所需的技术和相关知识储备，并且对于绝大多数农户而言，无论是从事农业生产还是非农业生产，自主进行一定规模的生产经营是之前没有过的人生经历。在这一过程中，农户能了解之前没有接触到的事物，积累到相应的生产经验，并在事件过程中反复验证。因此，农户的收入获取技能应当能得到较大程度的提升，收入知识性也会有所增强。

4.1.2 农业生产保险政策对西部农户收入质量的影响机理分析

习近平总书记在中央扶贫开发工作会议上曾提到保险对于脱贫攻坚的作用，强调"保险机构要适当降低对深度贫困地区的保费收取标准"。农业生产保险对农户的收入质量影响机理分析如下：收入充足性方面，天气保险等农业生产保险能够很好地对冲农户在农业生产过程中所遭遇的自然风险，同时价格指数保险也能够在一定程度上缓解市场行情波动给农户造成的经济损失，因此，其收入充足性应当会有所提高。收入增长性方面，农业生产保险能够提升农户收入尤其是务农经营收入的稳定性，从而提高农户收入增长性，并且生产保险这一有力保障能够在一定程度上激励农户在有条件的情况下扩大生产经营规模，进而促进其收入增长。收入结构性方面，和农业贷款对农户收入结构性的影响相似，农业生产保险能够提高农户的生产经营收入，进而使得转移性收入在农户总收入当中所占比例减小。收入成本性方面，由于农户经营性收入受到保险的保障，因此在其他成本投入不变的情况下，其收入成本占总收入的比例将降低；是否扩大经营更多取决于农户的主观意愿，而农户在做决策时，会综合考虑投入与产出，尽管有些农户会因为有农业生产保险的保障而加大生产经营投入，但也一定是在理性分析的基础上进行，在收入受到保险保障的同时，其成本与产出比应当会下降。收入知识性方面，农业保险对于农户收入知识性的影响相对较为模糊。主要的原因是，农户工作技能的提高，有赖于其工作内容、工作方式是否变化，如果农户像前文分析的某些情况一样，意识到生产经营风险已经受到控制，进而扩大生产，有了面对新的生产经营模式的机会，那么其收入的知识性将提升；反之，尽管参与农业生产保险能够给农户带来直接的金融服务体验，一定程度上能强化其对于保险这一服务的认识，增加其金融方面的知识储备，但这些知识能否转化为帮助其获取收入的抓手，则未可知。因此如果仅仅是将农业生产保险看作一种保障，并没有因此而激发出农户更多的扩大生产的意愿，其生产经营方式和规模与参加农业生产保险之前相比没有较为明显的变化，则农户收入的知识性应该难以通过参加农业生产保险来提高。因此现实中农业生产保险对于农户收入知识性的影响还主要应当通过实证检验来分析。

4.1.3 控制变量对西部农户收入质量的影响机理分析

为保障研究精度，本部分研究在进行变量设计时，参考了学术界已有关于农户收入的相关论文，设置家庭主要劳动力年龄、户主受教育程度、家庭资产规模、家庭人口规模、家庭土地规模以及农户对金融政策的了解意愿六个控制变量。这些控制变量对于农户收入质量的影响，虽然不是本书的研究主题，但为了对策建议更加具有针对性，帮助我国农村金融事业更好地为乡村振兴战略服务，有必要将这些控制变量对于农户收入质量的影响进行分析和解释。收入充足性方面，一方面，由于农户收入获取方式绝大部分是从事体力劳动，而伴随着年龄的增长，体力劳动效率将有所下降。另一方面，从人的消费周期角度考虑，伴随着年龄的增长，农户的消费意愿和需求也相应会有所降低，因此年龄对收入充足性的影响尚不明确；户主受教育程度对于农户收入充足性应当产生正向影响，原因是受教育程度较高的农户之所以生活水平较差，更多是由于受到一些非自身因素可以影响的外部因素的制约。伴随着我国乡村振兴建设的不断深入，各项制约农户增收的主客观因素都将被一一化解，农户增收机会也会越来越多，而受教育程度较高的农户，往往有更严谨的思维能力，更善于把握机会，很多村庄中生活水平较高的农户，往往也是村里比较有文化的人家，因此户主受教育程度应当正向影响农户收入充足性。借鉴学术界已有研究成果

（张守莉，2017），家庭土地规模也应当对课题组调研的留在当地的农户的收入充足性产生正向影响。土地是农户的重要生产资料，且农民持有土地并不产生成本。土地越多，农民越可以进行规模化农业生产，抑或是获得更高的土地租金，从而提高收入数量，进而优化其收入充足性；家庭财产规模对农户的收入充足性也是正向影响，因为家庭财产规模越大的农户，其生产经营的可选择性也越多，能够有条件选择一些收入回报率相对较高的生产经营方式，因此其收入充足性会更好。由于农户收入更多需要家庭劳动力去经营和获取，转移性收入、财产性收入的绝对数量普遍不高，因此家庭人口规模对于其收入充足性应当起到正向影响作用。对金融政策了解意愿越强的农户，往往更容易意识到在自身努力获取收入的同时，借助金融政策等外力（不单单仅指金融手段）来提升自身的收入水平，信息获取能力也越强。因此这部分农户更容易获取更多的收入，进而对其收入充足性的改善起到促进作用。

在收入增长性方面，年龄对于农户收入增长性应当为负向影响。主要原因还是在于农户更多从事体力劳动，年龄增长会导致其收入获取能力下降，进而降低收入增长性。户主受教育程度对于农户收入增长性应当呈现正向影响。受教育程度较高的农户，更懂得运用相关知识为自身获取收入，对于一些事物的理解和把握较一般农户也更加深刻，更容易抓住机会，在国家大力开展农村工作的当下，往往其收入增长更快，因此其收入增长性应当更好。家庭土地规模对于农户收入增长性的影响也为正向，与对收入充足性的影响机理相类似，家庭土地规模更大的农户，更有可能、更有条件获取更高的农业经营收入，并且从历年来的中央一号文件来看，随着各项惠农政策的实施，农业生产的回报率将会越来越高，因此该变量应当正向影响农户收入增长性。家庭财产规模应正向影响收入增长性，家庭财产规模越大的农户，往往越有条件从事一些具有资本回报性质的行业，越有条件获取更高的收益。家庭人口规模应当和家庭收入呈正比例关系，且劳动力越多的农户，抵御市场风险和自然风险的能力越强，因此应当正向影响其收入增长性。同时，随着农户对于金融政策了解程度的加深，其更容易运用相关金融资源投入到回报率更高的领域，因此农户对金融政策的了解意愿应当对收入增长性产生正向影响。

在收入结构性方面，年龄越大的农户，由于其收入获取效率逐渐下降，在财产性收入普遍不高的情况下，往往更加依赖于转移性支付，因此其影响应当为负向。户主受教育程度对农户收入结构性的影响为正向，一方面是因为从乡村振兴工作实践来看，受教育程度较高的农户，收入过低发生率相对其他农户较低；另一方面，受教育程度较高的农户，受农村地区广泛存在的"读书人"意识影响，往往对自身有着更高的期待，不愿意更多地接受政府救济，相应地，转移性收入在其中所占的比例也会变小。人均土地规模对于收入结构性的影响也应当是正向。和前文所述类似，因为人均土地规模越大的农户，获取更多农业经营收入的可能性就越大，尤其是在我国大面积建设标准农田的背景下，一些原先不利于从事农业生产的地区已经具备了农业生产条件，因此该变量对于农户收入结构性的影响为正向。家庭财产规模方面，该变量对于农户收入结构性的影响也应当为正向，不仅仅是像前文所说的那样，因为家庭财产越多的农户，越有选择行业的机会，还因为家庭财产越多，越有可能给农户带来一定的财产性收入，进而能够改善家庭收入的结构性。和前文分析类似，家庭人口规模越大，收入水平也应该越高，因此对于收入结构的影响也应当是正向的。对于金融政策的了解意愿越强的农户，获取信息的能力越强，头脑相对灵活，更容易结合自身条件，构建新的收入来源渠道，进而降低对于政府转移收入的依赖，降低转移收入在自己总收入中的比例，因此应当对收入结构性产生正向影响。

在收入成本性方面，由于年龄越大的农户，收入获取效率越低，而收入成本性优势是农户收入获取效率的直观体现，因此其影响应当是负向。户主受教育程度对于收入成本性的影响应当是正向的，除了之前所说的受教育程度与农户收入数量之间的关系外，还因为受教育程度越高的农户，对于数字越敏感，越容易培养成本控制能力，能够对收入获取过程中的各项花费进行精打细算，因此会产生正向影响。在实现乡村振兴的过程中，很多地区都采取向农户免费发放种子、赠送各种幼苗的方式，降低农户农业生产经营成本，因此在生产成本普遍被控制的情况下，家庭土地规模越高的农户，其收入成本性应当越好。家庭财产规模对于收入成本性的影响也应当是正向的，前文说到家庭财产规模越大的农户，越有条件选择回报率较高的生产方式，而回报率高的生产方式其成本性也一定越低，因此其影响应当是正向的。家庭人口规模的影响也应当是正向的，不仅因为劳动力越多的农户往往能够获取更多的收入，还因为劳动力越多，农户越有条件平摊收入获取过程中的固定成本（如外出务工时候的租房支出等），因此具有正向影响。农户对于金融政策的了解越多，往往越会意识到数字的重要性，对于成本、收益、利息等经济名词的了解会更直接，进而在日常的生产中，会更加有意地去控制成本，因此对于收入成本性也应当产生正向影响。

在收入知识性方面，年龄对于收入知识性的影响应当为负向，主要原因是伴随着年龄的增长，人的知识获取效率和能力都有显著下降。受教育程度对收入知识性的影响应当是正向的，原因是受教育程度越高的农户，一方面对于工作技能重要性的认识更为全面，更愿意通过工作技能的提高，来获取更多的收入；另一方面也因为这部分农户往往具有较高的学习效率，能够在更短时间内掌握新的工作技能，因此对收入知识性的影响应当是正向的。人均土地规模对收入知识性的影响难以确定。主要是因为，抛开规模化种植不谈，就简单的农业生产而言，对于农户而言基本不存在较为明显的技术壁垒，且简单的农业生产实践对种植技术积累的促进性有限，现实中也并不是土地越多的农户，种植技能越突出。家庭财产规模对农户收入知识性的影响应当是正向的，原因是财产较多的农户，更有能力为家庭成员获取更多专业技能提供保障，哪怕仅仅是时间上的保障。家庭劳动力数量与收入知识性之间的联系应当不显著，因为技能知识的获取更多依靠各家庭成员的自觉学习，与人数之间看不出有过于直接的联系。对金融政策的了解意愿越强的农户，虽然不见得有多么高的文凭，其学习能力也应当较普通农户更强，对于工作技能与收入提升之间的相关性往往也会有更加深刻的领悟，因此对于农户收入知识性应具有正向影响。

4.2 数据来源、变量设置及描述性统计

4.2.1 数据来源

为保障研究精度和研究质量，进一步提升本书的研究水平，还需要进一步从微观角度切入，以"解剖麻雀"的形式，研究农户收入质量与金融支持政策之间的相互关系，在此基础上得出的研究结论，以及据此推导出的对策建议才更加具有针对性和现实意义。本部分所用到的数据来源于笔者于 2022 年 6 月在陕西省 L 市 Q 县进行的实地调研。调研地点包括该县的 13 个乡镇、30 余个行政村。

选择 Q 县进行调研的原因是，该县是吕梁片区经济欠发达县之一，也是陕甘宁革命老区的一部分，"是一片红色的土地"。农村经济状况差的人口多，因灾因病致贫、返贫的现象也相对较为突出，脱贫攻坚巩固任务十分艰巨。当然，当地也一贯重视乡村建设工作，早在我国全面开始脱贫攻坚工作之前，Q 县县委、县政府就高度重视乡村工作，2015 年提出"三年稳定精准脱贫、五年全面建成小康"的目标，要求既"摘穷帽"，又"拔穷根"，综合运用特色产业扶贫、就业创业扶贫、教育全程资助、基本医疗保障和社会保障兜底等手

段，持续发展红枣、苹果、绿色养殖、农村电商、光伏发电、文化旅游等产业，提高农户实际收益。2017 年 5 月，Q 县政府印发《Q 县金融精准扶贫实施方案》，要求充分利用货币政策工具，创新金融精准扶贫模式，运用金融手段解决部分农户产业发展资金短缺问题，提高农户增收效率。综上所述，陕西Q 县具备发展特色农产品种植、农产品深加工以及乡村旅游等一、二、三产业基础，还是革命老区的一部分，因此，该地区具有相当程度的代表性。

本次调研采取普遍调查和典型调查相结合的方式进行。普遍调查即在 Q 县范围内，根据金融实践情况，选取不同乡镇的农户，进行访谈式问卷调查。典型调查即在普遍调查基础上，选取一些有相关特征的农户，进行较为深层次的访谈，进一步优化所选样本的代表性。本次调研共发放问卷 850 份，回收有效问卷 794 份，有效率达 93.88%，着重考察该地区农户收入质量充足性、增长性、结构性、成本性以及知识性五个方面的特征，反映在当前金融支持政策下，农户的贷款、保险等金融服务现状，并探究其享受金融支持相关优惠政策对于收入质量的影响。另外，与一般的调研者不同，结合课题负责人多年的实地调研经验，农户对于一些专业术语的理解力相对其他群体更弱一些，因此在问卷设计时尽量避免出现专业词汇，很多选项尤其是涉及收入方面的问题，也尽量使用白话进行表达，比如避免使用"入不敷出"等表述。

4.2.2 变量设置与描述性统计

依据本章的研究主题，本部分的因变量为农户的收入质量各维度情况，主要参考孔荣（2014）、邓错（2016，2020）、彭艳玲（2019）、任劼（2017）、何学松（2019）和苏岚岚（2019）以及其他学者的前期相关研究成果进行设置。像前文所说的那样，对收入充足性和收入知识性维度相关变量的选项设置更加细致；用收入增长性替代之前研究所提出的收入稳定性，收入结构性方面将侧重考察不同收入来源占总收入比例调整为侧重考察政府转移收入占总收入的比例，体现农户收入获取能力；将侧重考察农户各项收入获取过程中所花费的具体金额改为收入获取成本与总收入的比例。核心自变量为农户接受涉农贷款和农业生产保险服务情况，通过在调研中进行具体询问来得到。除金融支持服务能够影响农户收入质量外，借鉴国内外有关农户收入的相关研究（霍学喜，2020；王晓鸿，2020；宋瑛，2022），本章将家庭主要劳动力年龄、户主受教育程度、家庭土地规模、家庭财产规模、家庭人口规模以及户主对金融政策了解意愿6个变量纳入模型中来进行全面考察。具体的变量设计以及描述性统计如表4-1所示。家庭主要劳动力有多人的，取对家庭收入贡献最大的个体的年龄和受教育程度。另外，依照学术界已有研究成果，农户金融素养对其收入有直接影响（何学松，2019），在变量设计时本想将农户金融素养情况纳入模型，但课题组在正式调研开始之前，也在秦巴地区做了一些预调研，发现如果直接照搬套用学术界已有的关于普通农户金融素养的相关特征，效果并不明显。这主要是因为受到信息传递、金融认知以及相关意识等因素的制约，很多农户之前并没有金融政策方面的积累，因此对于金融素养相关问题的回答存在极大的同质性。而农户对于金融政策的了解意愿，就是其提升个人金融素养的第一步，因此，本书采用这一问题，来反映农户的金融素养提升潜力，进而分析其对于农户收入质量各维度的影响。

表4-1 模型变量的解释说明与描述性统计

变量代码	变量名称	变量定义	均值	标准差
X_1	收入充足性（目前家里的收支状况）	1. 支出远远大于收入（超过20%）；2. 支出比收入多一些（10%~20%）；3. 收支基本一致；4. 收入比支出多一些（10%~20%）；5. 收入远远大于支出（超过20%）	3.05	1.179
X_2	收入增长性（近三年年均收入增长情况）	1. 正负5%以内或者下降更多；2. 增长5%~10%；3. 增长10%~15%；4. 增长15%~20%；5. 增长20%以上	3.07	1.376

续表

变量代码	变量名称	变量定义	均值	标准差
X_3	收入结构性（国家发的钱占总收入比例）	1.40%以上；2.30%~40%；3.20%~30%；4.10%~20%；5.10%以下	3.31	1.285
X_4	收入成本性（收入成本与总收入之间的比例）	1.40%以上；2.30%~40%；3.20%~30%；4.10%~20%；5.10%以下	2.73	1.325
X_5	收入知识性（收入获取过程中所体现出的技能含量）	1.几乎没有技能含量；2.有小部分技能含量，主要靠体力；3.体力和技能基本对半；4.有小部分依靠体力，主要靠技能；5.几乎完全依靠技能	2.74	1.355
X_6	目前人均年收入情况	1.4500元左右；2.4500~5500元；3.5500~6500元；4.6500~7500元；5.7500元以上	4.00	1.194
X_7	是否获得涉农贷款	1，是；0，否	0.37	0.482
X_8	在今后三年内，是否还有贷款申请的打算（若已有贷款，则询问其是否续贷）	1，是；0，否	0.33	0.470
X_9	是否购买农业生产保险	1，是；0，否	0.19	0.306
X_{10}	家庭主要劳动力年龄	1.25岁以下；2.25~35岁；3.35~45岁；4.45~55岁；5.55岁以上	3.22	0.991
X_{11}	家庭人口规模	1.3人以下；2.3~5人；3.5~7人；4.7~9人；5.9人以上	1.96	0.693
X_{12}	家庭土地规模	1.1亩以下；2.2~4亩；3.4~6亩；4.6~8亩；5.8亩以上	3.06	1.238
X_{13}	家庭财产规模	1.1万元以下；2.1万~3万元；3.3万~5万元；4.5万~7万元；5.7万元以上	3.15	1.046
X_{14}	主要劳动力受教育程度	1.文盲或半文盲；2.小学毕业或肄业；3.初中毕业或肄业；4.高中及中专毕业或肄业；5.大专及以上毕业或肄业	2.46	1.166
X_{15}	对金融政策了解意愿	1.觉得不重要，完全没有必要了解；2.觉得不是特别重要，多少了解一下；3.觉得重要性还可以，有条件可以了解一下；4.觉得重要，想了解；5.觉得非常重要	3.28	1.081

调研结果显示，农户的人均收入数量可观，均值大于6500元。所有调研农户均认为，自脱贫攻坚开始以来，家庭收入连年增长，较以前已经发生"难以想象"的变化，对我党的认可度和满意度非常高，这也令调研人员感到

非常光荣。收入质量方面，各维度仍有一定的可提升空间。收入充足性方面，41.0%的农户表示家庭收入和支出之间的关系目前支出比收入会多，仅有13%左右的农户表示收入比支出多很多。农户收入增长性方面，绝大多数农户表示收入较以前有显著增长。通过与农户的具体交谈，调研人员进行计算发现，收入增长率在15%以上的农户占比为37.3%，农户的生产生活状况得到了极大的改善。农户收入结构性方面，该变量更多考察农户收入自主获取能力，着重考察转移支付（即农户被动获取收入数量）占其总收入比例的情况。调研中发现，20%左右的样本表示转移支付占其总收入的比例为10%以下，这一占比超过30%的农户仅为22.3%，说明转移支付已经在其总收入中所占的比例非常低，农户自主收入获取能力已经有了很大的提升。农户收入成本性方面，46.7%的农户表示收入成本与收入之间的比例大于30%，占比20%~40%的农户为49.0%，和之前对于其他样本的调研相比，农户收入的成本性与其收入数量之间的关系更加薄弱，说明农户的收入成本控制能力较弱，在获取收入时通常会缺乏选择。农户收入知识性方面，30%的农户表示在收入获取过程中更多体现为纯体力劳动，与课题组之前对其他群体的调研结果相比，脑力劳动相对更少，工作技能含量普遍不高，回答几乎全部依靠技能的农户仅占10%左右。已有贷款和在今后三年内有贷款申请打算的农户占比均超过30%，供给型和需求型信贷约束均有一定程度存在，农村金融资源利用效率还有一定的提升空间。回答已经参加农业生产保险的样本少于20%。家庭主要劳动力年龄方面，35岁以下的农户占比为4.0%，55岁以上的占比为31.6%；主要劳动力受教育程度方面，30%左右的样本表示受教育程度在小学及以下，受教育程度在大专以上的不足5%。家庭土地规模在4亩以下的占比为42.4%，2~6亩的占比为59.0%。家庭财产规模方面，表示总资产在1万元以下的占比不足3%，表示总资产在7万元以上的占比超过10%。家庭人口规模方面，3人及以下的占比不到1/4，7人以上的占比约为2%。对金融政策了解意愿方面，觉得重要、想了解和觉得非常重要的农户占比为47.3%，说明农户对于金融知识的了解和认知已经达到相对较高的程度。

4.3　变量交叉统计分析

4.3.1　收入质量充足性维度

为进一步对样本进行描述，使读者对于样本数据有一个较为清晰的印象，借鉴国内相关调研报告的撰写形式，本部分对变量间的数据关系进行交叉统计。收入质量方面，充足性维度，表示支出比收入多很多的农户中，有近4%的农户申请到涉农贷款，其余为未申请或申请未通过；在收支基本一样的农户中，这一数据为18.9%；收入比支出多一些的农户，申请到涉农贷款的样本比例达到53.5%；收入远远大于支出的农户，有55.2%申请到涉农贷款。进一步调研发现，收支状况较为不好的农户，贷款意愿更为强烈，希望通过涉农贷款提升自身的生活水平；收支状况相对较好的农户，出于过度厌恶风险、"比上不足比下有余"的心态，部分样本对于贷款申请的意愿则相对并不明显；但在收支状况特别好的农户中，大部分都具有通过贷款申请进一步提升家庭收入的想法。农业生产保险方面，表示支出比收入多一些的农户中，购买农业生产保险的样本比例近10%；在收支基本一样的农户中，这一数据为12.8%；收入比支出多一些的农户，购买农业生产保险的样本比例达到10.5%；收入远远大于支出的农户，有6.5%购买农业生产保险。

家庭主要劳动力年龄在25～35岁的农户，表示支出比收入多一些的占21.9%，9.4%的农户表示收入远远大于支出；家庭主要劳动力年龄在35～

45 岁的农户，11.6%表示支出与收入基本相等，15.7%表示支出比收入多一些，37.2%的样本表示收入比支出多一些；家庭主要劳动力年龄在 45~55 岁的农户中，收支基本一致的农户占比为 10.0%，收入比支出多一些和支出比收入多一些的农户占比分别为 31.5%和 44.9%；家庭主要劳动力年龄在 55~65 岁的农户中，收支基本一致的农户占比为 37.0%，收入比支出多一些和支出比收入多一些的农户占比分别为 16.4%和 29.5%；家庭主要劳动力在 65 岁以上的农户中，支出远远大于收入的占比为 17.1%，支出比收入多一些的占比为 26.7%，收入和支出基本相等的占比为 51.4%。家庭人口规模在 3 人以下的农户，40.9%表示收支基本一致，收入远远大于支出和支出远远大于收入的样本比例分别为 16.6%和 32.6%；家庭人口规模为 3~5 人的农户中，表示支出比收入多一些和收入比支出多一些的样本占比分别为 39.6%和 28.9%，收入远远大于支出的样本比例为 13.6%；家庭人口规模为 5~7 人的农户，收支基本一致的占比为 20.9%，收入比支出多一些的农户占比为 26.4%；家庭人口规模在 7~9 人的农户，收入远远大于支出的占比为 6.7%，收入比支出多一些的占比为 13.3%。主要劳动力受教育程度方面，文盲或半文盲中表示收支基本一致的占比为 42.6%，收入比支出多一些的农户占比为 18.5%，支出比收入多很多的占比为 25.5%；小学毕业或肄业的样本农户中，收支基本一致的占比为 11.5%，收入远远大于支出的占比为 29.7%；初中毕业或肄业的样本农户中，收支基本一致的农户占比为 14.1%，收入比支出多一些和支出比收入多一些的农户占比分别为 24.2%和 45.4%，收入远远大于支出的占比为 12.8%；高中及中专毕业或肄业的样本农户中，收支基本一致的农户占比为 13.5%，收入比支出多一些和支出比收入多一些的农户占比分别为 33.3%和 17.5%；大专及以上毕业或肄业的样本农户中，收入比支出多一些的样本占比为 18.2%，没有样本表示支出远远大于收入。

家庭土地规模方面，1 亩以下的农户中，支出比收入多一些的样本占比超过 20%，收支基本一致的占比为 8.5%；2~4 亩的农户中，收支基本一致的样本占比为 23.1%，收入比支出多一些的样本和支出比收入多一些的样本占比分别为 17.2% 和 43.1%；4~6 亩的农户中，收支基本一致的样本占比为 18.0%，收入比支出多一些的样本和支出比收入多一些的样本占比分别为 43.3% 和 22.5%；6~8 亩的样本中，收入比支出多一些的样本占比为 26.4%，收入远远大于支出的占比为 20.8%；8 亩以上的农户中，收入比支出多一些的占比为 21.4%，收支基本平衡的占比为 26.0%。家庭资产规模方面，1 万元以下的农户中，收支基本一致的样本占比为 17.4%，支出比收入多一些的农户占比为 43.5%；家庭资产规模在 1 万~3 万元的农户中，支出比收入多一些的占比为 35.0%，收支基本一致的占比为 30.9%，支出远远大于收入和收入远远大于支出的比例分别为 15.2% 和 2.7%；家庭资产规模在 3 万~5 万元的农户中，收支基本一致的样本占比为 22.3%，30.8% 的样本表示支出比收入多一些，支出远远大于收入的样本占比为 5.3%；家庭资产规模在 5 万~7 万元的农户中，表示支出比收入多一些的占比为 34.6%，收入比支出多一些的占比为 28.0%；家庭资产规模在 7 万元以上的农户中，20.0% 的样本表示支出比收入多一些，16.7% 的样本表示收支基本一致。对金融政策了解意愿方面，觉得不重要，完全没有必要了解的农户中，支出远远大于收入的样本占比为 22.4%，支出比收入多一些的农户占比为 43.1%；觉得不是特别重要，多少了解一下的农户中，51.2% 的农户收支基本一致，支出比收入多一些和收入比支出多一些的样本占比分别为 13.6% 和 24.0%；觉得重要性还可以，有条件可以了解一下的农户中，收支基本一致的样本占比为 20.9%，收入比支出多一些的样本占比为 24.7%；觉得重要，想了解的农户中，收入比支出多一些的样本占比为 36.1%，17.2% 的样本农户表示收入远远大于支出；觉得非常重要的农户中，收入比支出多一些的样本占比为 16.5%，支出远远大于收入的样本占比为 6.2%。

4.3.2　收入质量增长性维度

关于贷款发放方面，近三年年均收入增长情况在正负 5%以内或者下降更多的农户，获得涉农贷款的比例达到 20.7%；增长 10%~15%的农户，获得涉农贷款的比例近 30%；增长 15%~20%的农户，这一比例达到 45.2%；在增长 20%以上的农户中，这一比例继续上升，为 51.7%。农业生产保险方面，近三年年均收入增长情况在正负 5%以内或者下降更多的农户，购买农业生产保险的比例达到 16.4%；在增长 5%～10%的农户中，这一数据为 9.1%；增长 10%~15%的农户，购买农业生产保险的比例为 10.2%；增长 15%~20%的农户，这一比例达到 8.9%。家庭主要劳动力年龄在 25~35 岁的农户，表示增长 5%~10%的占 6.3%，15.6%的农户表示增长 15%~20%；家庭主要劳动力年龄在 35～45 岁的农户，26.4%表示增长 10%～15%，15.7%表示增长 5%～10%，25.6%的样本表示增长 20%以上；家庭主要劳动力年龄在 45~55 岁的农户中，增长 10%～15%的农户占比为 23.3%，增长 5%～10%的农户占比为 25.4%；55~65 岁的农户中，增长 10%～15%的农户占比为 24.0%，增长 5%～10%的农户占比为 34.2%，正负 5%以内或者下降更多的占比为 13.7%；65 岁以上的农户中，正负 5%以内或者下降更多的占比为 38.1%，增长 5%～10%的占比为 25.7%。家庭人口规模在 3 人以下的农户，18.7%表示增长 10%～15%，增长 20%以上和正负 5%以内或者下降更多的样本比例分别为 15.0%和 24.9%；家庭人口规模在 3~5 人的农户中，表示增长 5%～10%和增长 15%～20%的样本占比分别为 24.3%和 17.9%，增长 10%～15%的样本比例为 23.4%；家庭人口规模在 5~7 人的农户中，增长 5%～10%的占比为 16.3%，增长 20%以上的农户占比为 25.6%。主要劳动力受教育程度方面，文盲或半文盲中表示增长 10%～15%的占比为 23.6%，增长 15%～20%的农户占比为 6.0%，正负 5%以内或者下降更多的占比为 29.2%；小学毕业或肄业的样本农户中，增长 10%~15% 的占比为 15.1%，增长 1%~20% 的占比为 12.5%；初中毕业或肄业的样本农户中，增长 10%~15% 的农户占比为 27.8%，增长 15%~20% 和增长 5%~10% 的农户占比分别为 21.6% 和 20.3%；高中及中专毕业或肄业的样本农户中，增长 10%~15% 的农户占比为 26.2%，增长 15%~20% 和增长 5%~10% 的农户占比分别为 21.4% 和 19.0%；大专及以上毕业或肄业的样本农户中，增长 15%~20% 的样本占比为 33.3%，表示正负 5% 以内或者下降更多的样本比例为 3%。

　　家庭土地规模方面，1 亩以下的农户中，25.5% 表示正负 5% 以内或者下降更多，增长 5%~10% 的样本占比超过 30%，增长 10%~15% 的占比为 8.5%；2~4 亩的农户中，增长 10%~15% 的样本占比为 19.0%，增长 15%~20% 的样本和增长 5%~10% 的样本占比分别为 10.0% 和 33.1%；4~6 亩的农户中，增长 10%~15% 的样本占比为 31.5%，增长 15%~20% 的样本和增长 5%~10% 的样本占比分别为 18.0% 和 24.2%；6~8 亩的农户中，增长 15%~20% 的样本占比为 25.6%，增长 20% 以上的样本占比为 27.2%；8 亩以上的农户中，增长 15%~20% 的占比为 15.6%，26.0% 的样本表示收入增长在 20% 以上。家庭资产规模方面，1 万元以下的农户中，增长 5%~10% 的样本占比为 13.0%，正负 5% 以内或者下降更多的农户占比为 30.4%；家庭资产规模在 1 万~3 万元的农户中，增长 5%~10% 的样本占比为 32.7%，增长 10%~15% 的样本占比为 18.4%，正负 5% 以内或者下降更多和增长 20% 以上的比例分别为 21.5% 和 18.8%；家庭资产规模在 3 万~5 万元的农户中，增长 10%~15% 的样本占比为 28.7%，28.3% 的样本表示增长 5%~10%，正负 5% 以内或者下降更多的样本占比为 11.7%；家庭资产规模在 5 万~7 万元的农户中，表示增长 5%~10% 的样本占比为 15.6%，增长 15%~20% 的样本占比为 28.0%；家庭资产规模在 7 万元以上的农户中，20.0% 的样本表示增长 5%~10%，16.7% 的样本表示增长 10%~15%。对金融政策了解意愿方面，觉得不重要、完全没有必要了解的农户中，表示增长 5%~10% 的农户占比为 37.9%，20.7% 的农户表示增长 20% 以上；觉得不是特别重要，多少了解一下的农户中，24.0% 的农户表示增长 10%~15%，28.8% 的农户表示增长 5%~10%，4.8% 的农户表示增长 15%~20%；觉得重要性还可以，有条件可以了解一下的农户中，增长 10%~15% 的农户占比为 23.8%，增长 15%~20% 和增长 5%~10% 的农户占比分别为 15.7% 和 26.8%；觉得重要，想了解的农户中，增长 10%~15% 的农户占比为 24.4%，增长 15%~20% 和增长 5%~10% 的农户占比分别为 22.0% 和 21.3%，增长 20% 以上的农户占比为 22.3%；觉得非常重要的农户中，正负 5% 以内或者下降更多的占比为 7.1%，增长 5%~10% 的农户占比为 16.5%。

4.3.3　收入质量结构性维度

关于收入结构性维度，在转移收入占比为 30%~40% 的农户中，申请贷款的比例为 45.6%；转移收入占比为 10%~20% 的农户中，申请贷款的比例为 46.2%；在转移收入占比为 10% 以下的农户中，申请贷款的人数比例接近 40%。农业生产保险方面，转移收入在总收入中的占比超过 40% 的农户中，购买农业生产保险的比例为 10.8%；在转移收入占比为 30%~40% 的农户中，购买农业生产保险的比例为 12.3%；转移收入占比为 20%~30% 的农户中，该数据为 13.6%；转移收入占比为 10%~20% 的农户中，购买农业生产保险的比例为 9.3%。家庭主要劳动力年龄在 25~35 岁的农户，表示转移收入占比为 20%~30% 的农户占比为 37.5%，18.8% 的农户选择 10% 以下；家庭主要劳动力年龄在 35~45 岁的农户，13.2% 表示占比为 30%~40%，20.7% 表示占比为 20%~30%，29.8% 表示占比为 10%~20%；家庭主要劳动力年龄在 45~55 岁的农户中，20%~30% 的农户占比为 25.6%；家庭主要劳动力年龄在 55~65 岁的农户中，20%~30% 的农户占比为 47.9%，40% 以上的农户占比为 11.6%；65 岁以上的农户中，转移收入占比为 40% 以上的农户占比为 50.5%，20%~

30%的农户占比为20.0%。家庭人口规模在3人以下的农户，10%以下的样本比例为14.5%；家庭人口规模在3~5人的农户中，表示转移收入占比为20%~30%和10%~20%的农户占比分别为26.7%和38.1%；家庭人口规模在5~7人的农户中，转移收入占比为20%~30%的农户占比为30.2%，转移收入占比为10%以下的农户占比为20.2%；家庭人口规模在7~9人的农户中，6.7%表示转移收入占比为10%以下，30%~40%的占比为26.7%。主要劳动力受教育程度方面，文盲或半文盲中表示转移收入占总收入10%~20%的农户占比为29.6%，40%以上的占比为31.9%；小学毕业或肄业的样本农户中，表示转移收入占总收入10%~20%的占比为21.9%；初中毕业或肄业的样本农户中，表示转移收入占总收入10%~20%和20%~30%的农户占比分别为34.8%和31.3%；高中及中专毕业或肄业的样本农户中，表示转移收入占总收入40%以上的样本为10.3%；10%~20%和20%~30%的农户占比分别为34.9%和26.2%；大专及以上毕业或肄业的样本农户中，表示转移收入占总收入10%~20%的样本占比为18.2%，表示占比10%以下的样本比例为30.3%。

家庭土地规模方面，1亩以下的农户中，17.0%表示转移收入占总收入的40%以上，20%~30%的样本占比为31.9%；2~4亩的农户中，表示转移收入占总收入30%~40%的样本占比不足10%，10%~20%的样本为27.6%；4~6亩的农户中，表示转移收入占总收入30%~40%的样本占比为7.3%，10%~20%的样本和20%~30%的样本占比分别为31.5%和20.8%；6~8亩的样本中，表示转移收入占总收入10%~20%的样本占比为36.0%，10%以下的占比为16.8%；8亩以上的农户中，10%~20%的占比为30.5%。家庭资产规模方面，1万元以下的农户中，表示转移收入占总收入20%~30%的样本占比为13.0%，40%以上的农户占比为60.9%；家庭资产规模在1万~3万元的农户中，表示转移收入占总收入20%~30%的占比为15.7%，30%~40%的占比为9.0%，40%以上的占比为23.8%；家庭资产规模在3万~5万元的农户中，表示转移收入占总收入 30%~40%的样本占比为 6.9%，27.9的样本表示占比在 20%~30%，40%以上的样本占比为 13.4%；家庭资产规模在 5 万~7 万元的农户中，表示转移收入占总收入 20%~30%的占比为 30.8%，10%~20%的占比为 39.8%；家庭资产规模在 7 万元以上的农户中，32.2%的样本表示转移收入占总收入的 20%~30%，27.8%的样本表示占比为 10%~20%。对金融政策了解意愿方面，觉得不重要，完全没有必要了解的农户中，表示转移收入占总收入 20%~30%的占比为 10.3%，5.2%的农户表示占比为 10%~20%；觉得不是特别重要，多少了解一下的农户中，11.2%表示转移收入占总收入的 30%~40%，32.0%表示占比为 20%~30%，7.2%的样本表示占比为 10%~20%；觉得重要性还可以，有条件可以了解一下的农户中，表示转移收入占总收入 30%~40%的农户占比为 10.6%，10%~20%和 20%~30%的农户占比分别为 29.4%和 42.1%；觉得重要，想了解的农户中，表示转移收入占总收入 10%~20%和 20%~30%的农户占比分别为 45.4%和 22.3%，10%以下的农户占比为 20.6%；觉得非常重要的农户中，表示转移收入占总收入比例 40%以上的占比为 14.1%，20%~30%的农户占比为 21.2%。

4.3.4 收入质量成本性维度

关于收入成本性维度，成本收入比为 40%以上的农户中，16.3%申请了涉农贷款；成本收入比为 30%~40%的农户中，申请贷款的比例为近 50%；成本收入比为 20%~30%的农户中，申请贷款的比例为 41.3%；在成本收入比为 10%~20%的农户中，这一数据为 23.6%。农业生产保险方面，成本收入比为 40%以上的农户中，11.2%购买农业生产保险；成本收入比为 30%~40%的农户中，购买农业生产保险的比例为 11.9%；成本收入比为 20%~30%的农户中，购买农业生产保险的比例为 11.2%。家庭主要劳动力年龄在 25~35 岁的农户中，表示成本收入比为 10%~20%的占 9.4%，18.8%的农户超过 40%；

家庭主要劳动力年龄在 35~45 岁的农户中，14.0% 的农户表示占比为 10%~20%，38.8% 表示占比为 30%~40%；家庭主要劳动力年龄在 45~55 岁的农户中，成本收入比为 10%~20% 的农户占比 16.9%，30%~40% 的农户占比为 27.7%；55~65 岁的农户中，成本收入比小于 10% 的样本为 15.8%，20%~30% 的农户占比 21.2%，大于 40% 的农户占比为 28.1%；65 岁以上农户中，20%~30% 的占比为 6.7%，10%~20% 的农户占比为 4.8%。家庭人口规模在 3 人以下的农户中，16.6% 表示成本收入比为 30%~40%，超过 40% 和小于 10% 的样本比例分别为 34.7% 和 18.1%；家庭人口规模在 3~5 人的农户中，表示成本收入比为 20%~30% 和 10%~20% 的样本占比分别为 24.3% 和 15.8%，成本收入比为 30%~40% 的样本比例为 29.5%；家庭人口规模在 5~7 人的农户中，成本收入比为 20%~30% 的样本占比为 38.8%，成本收入比超过 40% 的农户占比为 14.7%；家庭人口规模在 7~9 人的农户中，13.3% 的样本表示成本收入比超过 40%，30%~40% 的样本占比为 33.3%。主要劳动力受教育程度方面，文盲或半文盲中表示成本收入比为 30%~40% 的农户占比为 41.2%，表示成本收入比为 10%~20% 的农户占比为 13.4%；小学毕业或肄业的样本农户中，表示成本收入比为 30%~40% 的农户占比为 30.7%；10%~20% 的农户占比为 15.6%；初中毕业或肄业的样本农户中，表示成本收入比为 30%~40% 的农户占比为 24.2%，10%~20% 和 20%~30% 的农户占比分别为 15.4% 和 30.8%；高中及中专毕业或肄业的样本农户中，表示成本收入比小于 10% 的样本占比为 11.5%，30%~40% 的农户占比为 24.2%，10%~20% 和 20%~30% 的农户占比分别为 15.4% 和 30.8%；大专及以上毕业或肄业的样本农户中，表示成本收入比为 10%~20% 的样本占比为 18.2%，表示占比超过 40% 的样本占比为 6.1%。

　　家庭土地规模方面，1 亩以下的农户中，成本收入比为 20%~30% 的样本占比为 19.1%，30%~40% 的样本占比为 10.6%；2~4 亩的农户中，表示成本收入比为 30%~40% 的样本占比为 23.4%，10%~20% 的样本和 20%~30% 的样本占比分别为 15.2% 和 20.3%；4~6 亩的农户中，表示成本收入比为 30%~40% 的样本占比为 21.3%，10%~20% 的样本和 20%~30% 的样本占比分别为 21.9% 和 32.6%；6~8 亩的农户中，表示成本收入比为 10%~20% 的样本占比为 11.2%，超过 40% 的样本占比为 18.4%；8 亩以上的农户中，10%~20% 的样本占比为 12.3%。家庭资产规模方面，1 万元以下的农户中，表示成本收入比为 20%~30% 的样本占比为 30.4%，小于 10% 的农户占比为 8.7%；家庭资产规模在 1 万~3 万元的农户中，表示成本收入比为 20%~30% 的样本占比为 18.4%，30%~40% 的样本占比为 17.9%，小于 10% 的比例为 14.8%；家庭资产规模在 3 万~5 万元的农户中，表示成本收入比为 30%~40% 的样本占比为 24.3%，28.3% 的样本表示占比在 20%~30%，小于 10% 的样本占比为 12.1%；家庭资产规模在 5 万~7 万元的农户中，表示成本收入比为 20%~30% 的占比为 29.4%，10%~20% 的占比为 15.6%；家庭资产规模在 7 万元以上的农户中，17.8% 的样本表示成本收入比为 20%~30%，32.2% 的样本表示成本收入比为 30%~40%。对金融政策了解意愿方面，觉得不重要，完全没有必要了解的农户中，表示成本收入比为 20%~30% 的占 15.5%，37.9% 的农户表示超过 40%；觉得不是特别重要，多少了解一下的农户中，13.6% 表示成本收入比为 30%~40%，10.4% 表示成本收入比为 20%~30%，9.6% 的样本表示成本收入比为 10%~20%；觉得重要性还可以，有条件可以了解一下的农户中，表示成本收入比为 30%~40% 的农户占比为 28.9%，成本收入比为 10%~20% 和 20%~30% 的农户占比分别为 14.9% 和 27.7%；觉得重要，想了解的农户中，表示成本收入比为 30%~40% 的农户占比为 25.1%，成本收入比为 10%~20% 和 20%~30% 的农户占比分别为 19.9% 和 26.5%，成本收入比超过 40% 的占比为 19.6%；觉得非常重要的农户中，表示成本收入比小于 10% 的样本占比为 14.1%，30%~40% 的样本占比为 27.1%。

4.3.5　收入质量知识性维度

关于知识性维度，几乎没有技能含量的农户中，获得涉农贷款的比例为6.5%；有小部分技能含量，主要靠体力的农户中，获得涉农贷款的比例为53.3%；体力和技能基本一致的农户中，这一数据为54.8%；有小部分依靠体力，主要靠技能的农户中，获得涉农贷款的比例超过60%。农业生产保险方面，几乎没有技能含量的农户中，购买农业生产保险的比例为10.4%；有小部分技能含量，主要靠体力的农户中，购买农业生产保险的比例为6.7%；体力和技能基本对半的农户中，购买农业生产保险的比例为9.2%；有小部分依靠体力，主要靠技能的农户中，购买农业生产保险的比例为15.3%。家庭主要劳动力年龄在25~35岁的农户中，表示有小部分技能含量，主要靠体力的占比为12.5%，28.1%的农户表示有小部分依靠体力，主要靠技能，18.8%的农户表示几乎完全依靠体力；家庭主要劳动力年龄在35~45岁的农户中，28.1%表示几乎完全依靠技能，7.4%表示有小部分技能含量，主要靠体力，34.7%的样本表示体力和技能基本对半；家庭主要劳动力年龄在45~55岁的农户中，体力和技能基本对半和有小部分技能含量，主要靠体力的农户占比分别为42.4%和12.1%；家庭主要劳动力年龄在55~65岁的农户中，体力和技能基本对半和有小部分技能含量，主要靠体力的农户占比分别为22.6%和5.5%，有小部分依靠体力，主要靠技能的占比为12.3%；65岁以上农户中，几乎没有技能含量的占比为61.0%。家庭人口规模在3人以下的农户，有小部分依靠体力，主要靠技能和几乎完全依靠技能的样本占比分别为9.3%和18.7%；家庭人口规模在3~5人的农户中，表示有小部分技能含量，主要靠体力及体力和技能基本对半的样本占比分别为11.2%和38.7%，有小部分依靠体力，主要靠技能的样本占比为21.0%；家庭人口规模在5~7人的农户，体力和技能基本对半的农户占比为35.2%，有小部分技能含量，主要靠体力的占比为

13.3%；家庭人口规模在7~9人的农户中，有小部分依靠体力，主要靠技能的占比为23.1%，体力和技能基本对半的占比为7.7%。主要劳动力受教育程度方面，文盲或半文盲中表示几乎没有技能含量的占比为53.7%，体力和技能基本对半的农户占比为11.1%，有小部分技能含量，主要靠体力的占比为10.6%；小学毕业或肄业的样本农户中，体力和技能基本对半的占比为39.5%，有小部分依靠体力，主要靠技能的占比为18.4%；初中毕业或肄业的样本农户中，几乎完全依靠技能的农户占比为6.2%，体力和技能基本对半和有小部分技能含量，主要靠体力的农户占比分别为42.9%和4.0%，有小部分依靠体力，主要靠技能的占比为18.6%；高中及中专毕业或肄业的样本农户中，几乎完全依靠技能的农户占比为15.9%，体力和技能基本对半和有小部分技能含量，主要靠体力的农户占比分别为34.9%和4.0%；大专及以上毕业或肄业的样本农户中，体力和技能基本对半的样本占比为30.3%，几乎完全依靠技能的占比为15.2%。

家庭土地规模方面，1亩以下的农户中，44.7%表示几乎没有技能含量，几乎完全依靠技能的占比为10.6%；2~4亩的农户中，几乎完全依靠技能的样本占比为13.5%，体力和技能基本对半的样本和有小部分技能含量，主要靠体力的样本占比分别为27.3%和16.6%；4~6亩的农户中，几乎完全依靠技能的样本占比为10.2%，体力和技能基本对半的样本和有小部分技能含量，主要靠体力的样本占比分别为35.0%和11.3%；6~8亩的农户中，体力和技能基本对半的样本占比为46.8%，有小部分依靠体力，主要靠技能的占比为21.0%；8亩以上的农户中，体力和技能基本对半的占比为25.3%。家庭资产规模方面，1万元以下的农户中，几乎完全依靠技能的样本占比为40.9%，有小部分技能含量，主要靠体力的农户占比为18.2%；家庭资产规模在1万~3万元的农户中，有小部分技能含量，主要靠体力的占比为9.4%，几乎完全依靠技能的占比为17.5%，几乎没有技能含量和有小部分依靠体力，主要靠技能的占比分别为 39.0%和 12.6%；家庭资产规模在 3 万~5 万元的农户中，几乎完全依靠技能的样本占比为 10.6%，11.4%的样本表示有小部分技能含量，主要靠体力，几乎没有技能含量的样本占比为 30.1%；家庭资产规模在 5 万~7 万元的农户中，表示有小部分技能含量，主要靠体力的占比为 9.5%，体力和技能基本对半的占比为 41.4%；家庭资产规模在 7 万元以上的农户中，25.6%的样本表示几乎完全依靠体力。对金融政策了解意愿方面，觉得不重要，完全没有必要了解的农户中，几乎没有技能含量的样本占比为 59.6%，有小部分技能含量，主要靠体力的农户占比为 15.8%；觉得不是特别重要，多少了解一下的农户中，29.8%的农户几乎完全依靠技能，有小部分技能含量，主要靠体力和技能基本对半的样本占比分别为 8.1%和 9.7%；觉得重要性还可以，有条件可以了解一下的农户中，几乎完全依靠技能的样本占比为 8.5%，体力和技能基本对半的样本占比为 29.9%；觉得重要，想了解的农户中，体力和技能基本对半的样本占比为 45.0%，24.7%的样本农户表示有小部分依靠体力，主要靠技能；觉得非常重要的农户中，体力和技能基本对半的样本占比为 38.8%，几乎没有技能含量的样本占比为 15.3%。

5 基于西部农户收入质量视角的直接金融支持政策评价（下）

5.1 直接金融支持政策相关典型案例分析

5.1.1 涉农贷款方面典型案例分析——宁夏盐池县涉农贷款业务开展案例

盐池县位于宁夏回族自治区东部，总人口 17.2 万人，其中农业人口 14.3 万人。2013 年底，盐池县共确认了经济发展水平较为落后的村落 74 个，以及经济状况较弱的家庭 11203 户，涉及 32998 名居民。滩羊是宁夏盐池的特色农产品，80%以上经济状况较弱家庭的主要收入来源均与滩羊相关。在乡村振兴全面开展之前，金融机构发放贷款的主要对象是资产基础好、能够提供具有较高价值抵押物的家庭。很多农户由于自身经济状况不好，难以获得涉农贷款，当遇到需要贷款的情况时，他们更多考虑民间借贷，但其规范性、利率与正规金融机构均存在显著差异。尤其是由于民间借贷利息较高，很多农户本来经济状况就不好，这进一步加大了农户的经济负担。2015 年国家推行涉农小额信贷政策后，盐池县率先在全区全面推行涉农小额信贷，全面落实涉农小额信贷政策，在解决农户贷款难、贷款贵等方面取得显著成效。

盐池县金融支持紧紧依靠信用管理，引导农户首先认识到信用也是一笔宝贵的财富，进而在农户有意识保护信用的前提下，允许农户运用信用进行贷款，很大程度上降低了资金约束对于农户增收的负面作用，为农户收入稳步提升提供了条件。从长期来看，农户获得涉农贷款，将之用于自身的生产实践，能够帮助农户提升收入充足性；就收入增长性而言，由于有了新的收入来源渠道，或者已有经营规模有所扩大，实现收入更快程度增长有了现实可能和基础；从收入结构性方面来说，有了贷款资金的支持，农户更有机会将自身能力转化为收益，进而转移性收入在总收入中所占的比重会进一步下降；从收入成本性方面来看，伴随着农户获得涉农贷款后，有机会进行相应的规模化经营，收入成本有条件、有机会下降；从收入知识性方面来说，伴随着生产方式的变化以及新的收入来源渠道的建立，农户有机会接触到之前没有掌握的理念和技能，因而收入知识性应有所提高。

5.1.2 农业生产保险方面案例分析——甘肃秦安县苹果"保险+期货"案例

甘肃天水市秦安县曾被国家列为经济发展水平较低的县份，同时也是甘肃省 23 个发展挑战较大的县份之一，以及甘肃省 18 个干旱县之一。秦安县位于渭北黄土高原梁峁沟壑区，具有独特的地理优势，昼夜温差大，是苹果栽培最适宜的黄金地域之一。近年来，秦安县大力实施苹果适宜区全覆盖战略，截至 2021 年，全县苹果种植面积达 61.37 万亩，挂果面积约 36 万亩，总产量 87.2 万吨，总产值 25.3 亿元，果农约 10.2 万户，农民人均林果收入 5853 元，占农民人均可支配收入的 81.6%。苹果产业已成为推动全县农户增收致富的重要产业之一。苹果的销售收入是秦安县农户的支柱性收入，农户收入与苹果价格联系十分紧密，苹果价格大幅度下降会造成农户收入缩减，甚至影响其基本生活。近年来，市场上苹果价格波动较大，市场虽为农户提供了可以实现价格发现和风险管理的苹果期货工具，但果农不了解相关的金融知识且缺乏运用金融工具的能力，农户的收入稳定性依然难以保证。2018 年，在郑州商品交易所的支持下，宏源期货有限公司联合安信农保和太保甘肃在秦安县开展了苹果"保险+期货"试点项目。

此次项目明确投保主体是以苹果种植为收入来源的农户，秦安县相关部门提供参保的农户清单，保险公司向其销售苹果目标价格保险产品。该项目共有1500 户参保，承保量3000 吨。试点项目保险产品的保障目标价格为12300 元/吨，费率为 4.34%，保费为 534.19 元/吨。太保甘肃共取得保费收入160.26 万元，其中地方财政补贴50 万元。

甘肃秦安县苹果"保险+期货"试点，一方面能够在很大程度上对冲农户苹果种植的市场风险，另一方面也能够促进当地苹果产业健康有序发展。在此案例中，保险公司积极参与其中，践行服务社会理念，保障农户收入，且保险标的明确，农户也便于理解保险理赔的相关标准。同时，保险公司利用"再保险"等形式，将风险进行分散，在一定程度上对冲了自身的业务风险。而期货公司也开拓了业务，践行了社会责任，最终三方的利益都得到了很大程度的实现。

苹果"保险+期货"项目有效对冲了市场风险，随着业务的开展，保险公司能够进一步深入了解农村的现状，为下一步业务开拓打下坚实基础。尤其需要强调的是，此类业务的开展，为金融机构打开了合作思路，将保险、投资结合在一起，打出组合拳，改变了之前传统的保险定价方式，进一步发挥了期货市场价格发现的优势，也一定程度上降低了国家的财政补贴压力，使得金融资源得到进一步的利用，增强了农村地区的金融活力。

通过参与苹果"保险+期货"业务，农户对风险对冲有了更加直观的认识，强化了对于金融的理解，金融素养有所增强，为下一步各项金融业务开展提前做了宣传，农户收入状况有了保障，苹果种植积极性进一步提高。"保险+期货"能够提前将农产品价格进行锁死，无论市场行情如何变化，农户收益均有保障，尤其是在市场价格低于合同约定价格的情况下，农户能够获得相应补偿，收入增长性有所提升，至少不会大幅度下降。从收入结构性方面来说，随着农户收入状况的显著提升，政府转移支付在总收入中所占的比例会越来越小，经营性收入有所提高，自主收入获取的数量有所增加。农户能够依据提前锁死的价格来确定种植苹果时的各项成本开支，一定程度上保证了农户收入的成本性。此外，如果市场风险能够被有效对冲，种植苹果的收益持续可观，当达到一定程度时，能够有效激发农户扩大生产规模，而伴随着生产规模的扩大，相应地各类新的种植技术、管理能力均会显著提升，农户收入知识性有可能会随之提高。

5.2 涉农贷款政策对西部农户收入
质量影响的计量分析

5.2.1 计量模型选择

通过样本设置可以发现，本书设计的农户收入质量相关变量的具体选项均呈有序提升状态。因此本部分选择采用有序 Logistic 模型分别考察涉农贷款对农户收入质量各个维度的影响。在本部分计量分析和本书后续的各项计量分析中，均针对数据间关系做了共线性等与模型顺利运行有关的检验，符合相关要求。同时关于中介效应等相关内容，由于目前理论界存在争议，因此不做相应分析。需要说明的是，一方面，很多农户虽然对于金融政策有较强的了解意愿，但由于他们大多对于包括金融风险在内的各类风险具有较为显著的风险厌恶，因此仍有一部分农户对贷款申请持观望态度；另一方面，调研中也发现还有一部分农户虽然对于贷款政策的了解意愿不强，但却受到周围人的影响，向金融机构申请了涉农贷款，因此该变量与农户是否申请了贷款之间没有较为明显的相关关系。同时受教育程度虽然能够影响人的理解力，但对于金融政策的了解更多是出于人们对于风险的认识、对金融的认识以及个人的兴趣，因此这两个变量之间也没有较为明显的相关关系。模型基本表达式如下：

$$P = (Y_{ai} = m \mid X_i) = P_{im} = e^{Z_i' \cdot \beta_m}/1 + \sum_{j=0}^{3} e^{Z_i' \cdot \beta_{aj}} \quad i = 1, 2, \cdots, n \qquad (5-1)$$

式（5-1）中，m 表示农户收入质量各个维度的具体状态，$m = 1$，2，3，4，5；Y_{ai} 为随机变量，X_i 表示第 i 个农户的第 m 种收入质量维度的具体状态；P_{im} 表示第 i 个农户的第 m 种收入质量维度状态的概率；Z_i 表示包括贷款状况在内的一系列影响农户收入质量各个维度的相关变量；β_{aj} 表示影响因素的回归系数。

5.2.2 对于西部农户收入质量充足性的模型回归结果讨论

通过表5-1的回归结果来看，涉农贷款能够对西部农户收入充足性产生显著的正向影响，和影响机理分析得出的预期影响一致。这主要能够从以下两个方面进行解释：一方面，关于大部分具有自我提升潜力的农户长期无法显著提高其收入水平的原因，社会各界的共识是缺资金、缺技术。为农户投入一定数量的资金，有助于激活他们对于自身相关资产的调动机制，形成相对可持续的资金收入来源。调研中很多农户也表示，受成长过程中种种机遇的帮助，自己很早就掌握了做粉条、做特色餐饮甚至汽车修理等行业的相关技术，但由于资金的缺乏，没有办法投入到相关行业当中，导致这些技术长期无法给自己和家庭带来经济收入。大规模开展面向农户的涉农贷款工作，向农户的生产注入相当数量的资金，能够在很大程度上缓解由于缺少资金给农户增收带来的约束，使得他们有机会、有平台通过自身的体力或者技能来改善自身的收入状况，激活农户家庭已有的方方面面的资源条件，帮助他们更好更快地获取收入，进而改善家庭收入充足性状况。另一方面，面向农户的涉农贷款在利率安排、抵押物规定上对农户有极大让利。调研中很多农户表示，之前为了筹措资金，也向农信社等正规金融机构申请过贷款，但或者因为抵押物的问题，抑或是贷款程序过于烦琐等相关原因，导致未能成功申请到贷款。有些农户之前还通过民间借贷的方式进行过融资，但利率相对较高，"赚的都不够付利息"，往往"辛苦一年，年底一算账，还不如单纯出去打工"。这种借贷行为不仅没有对农户家庭收入产生正面影响，反而使得农户背上沉重的思想负担，在很长一段时间内都不敢再产生借贷的想法。在乡村振兴工作开始后，农户贷款的利息由县里统一安排成立相应的投资基金来承担，这样就化解了贷款资金使用成本给农户带来的负担，有助于其收入充足性状况的改善。针对农户家庭资产普遍不高，缺乏有效抵押物的情况，农信社给这些农户安排了不需要实物抵押的信用贷款，让他们"放开手脚"，大胆运用贷款来提升自身的收入状况，极大地扩大了贷款的受众面，释放了农村金融对于农户收入的带动作用。

表 5-1 涉农贷款对西部农户收入充足性的模型回归结果

变量代码	估计值	标准误	Wald 检验	显著性	95%置信区间	
					下限	上限
X_7	0.515	0.165	9.786	0.002	0.192	0.838
X_{10}	−0.289	0.103	7.821	0.005	−0.491	−0.086
X_{11}	0.023	0.109	0.045	0.831	−0.191	0.237
X_{14}	0.154	0.081	3.592	0.058	−0.005	0.313
X_{12}	0.248	0.057	18.884	0.000	0.136	0.360

变量代码	估计值	标准误	Wald 检验	显著性	95%置信区间	
					下限	上限
X_{13}	0.076	0.076	0.999	0.318	−0.073	0.224
X_{15}	0.262	0.082	10.257	0.001	0.102	0.423
模型	−2 对数似然值		卡方		自由度	显著性
仅截距	2054.879					
最终	1873.263		181.616		7	0.000

注：连接函数：Logit。

家庭主要劳动力年龄、户主受教育程度、家庭土地规模、对金融政策的了解意愿 4 个自变量影响显著，其中家庭主要劳动力年龄为负向影响，其余 3 个自变量为正向影响。家庭资产规模、家庭人口规模 2 个自变量回归结果不显著。调研中也发现，家庭主要劳动力年龄较大的农户，往往在从事体力劳动时效率更低，家庭收支状况较一般农户要更弱一些。尽管从社会整体角度来看，农户受教育程度均不高，但不可否认的是，根据现代教育理论中的有关教育目的的相关观点，受教育程度与眼光、见识之间存在着极为明显的相关性，而眼光、见识与收入之间也往往具有很明显的联系。户主受教育程度越高的农户，之所以之前家庭经济状况长期未能得到显著改善，往往是因为存在多种经济负担。随着我国针对乡村振兴政策的全面实施，制约其收入获取的相关因素逐渐得到改善，受教育程度对其收入的影响正在显现。对金融政策的了解意愿对农户收入充足性的影响显著，主要是因为相对于农户而言，耐心去了解繁复枯燥的金融政策本身就存在一定难度，在这种情况下还愿意去了解这些相关政策的农户，依靠金融手段来获取更高收入的意愿也更强，更有助于金融产品对其收入提升带动作用的发挥，因此这部分农户的收入充足性更好。家庭土地规模对农户收入充足性具有显著影响，由于课题组调研的农户都在当地，没有去较远的地方外出务工，因此对于留在当地的农户而言，作为重要的生产资料，土地规模确实能够给农户家庭收入提供一份保障，并且近年来国家一直强调保障农户务农积极性，因此农业生产回报也在逐年增加，进而对收入充足性产生影响。家庭资产规模对于农户收入充足性的影响没有通过模型检验，调研中发现，尽管农户家庭资产存在一定差距，但相互之间的差距普遍不大，很多农户也才刚刚达到基本的经济自足状态，家庭资产积累还较少，这在一定程度上削弱了家庭资产规模对于农户收入的促进作用。家庭人口规模影响不显著的原因主要是该变量与家庭收入之间并没有直接关系。调研中发现，家庭人口规模越大并不意味着劳动力越多，大部分农户家中有 1～2 个劳动力，拥有 3 个以上劳动力的家庭相对较少，因此农户家庭的劳动力收入获取效率还处于较低水平。此外，由于各项民生保障政策的实施，一些家庭成员较多的农户，劳动力赡养、养育家庭其他成员的经济压力已经得到很大幅度的减缓，一定程度上削弱了该变量对家庭收入充足性的影响。

5.2.3 对于西部农户收入质量增长性的模型回归结果讨论

农户收入的增长性能够很好反映其收入数额的具体变化，对于脱贫成果的巩固具有重要意义。观察回归结果（见表 5-2）可以看出，涉农贷款能够对西部农户收入增长性产生显著的正向影响，和影响机理分析得出的预期影响一致。这主要是因为，在调研中发现对于贷款的用途打算基本可以分为两类：第一类是有些农户具有一定技术，只是缺少启动资金，一旦通过贷款获得一笔可观的资金，则能够有机会将自身的技术转化为实际的收入，加之进入一个新的领域时间较短，收益整体上还处于上升期，因此能够在提升家庭收入充足性的同时，使得收入持续地增长。诚然，任何投资都具有一定的风险属性，在调研中有个别从事相关行业的农户也反映，因为之前在进行相关决策时，对于一些信息和行业发展动态的了解程度不够深，贸然投资，导致收入不仅没有增长，反而有所下降。但这类情况在总样本中毕竟是少数，并且这些样本也强调，当地仍有其他相关支持政策，"都在帮助我们渡过难关"。因此此类农户从总体上讲，近年来收入仍有所增长。第二类则更为普遍，其模式大体是这样，即很多农户加入了相关的企业和专业合作社，这些企业或专业合作社与农户签有协议，对农户的生产经营成果进行定点收购，如当地的特产酸枣、牛羊以及猪等。农户为了扩大种植或者养殖规模，向相关金融机构申请了贷款。因此这些农户既是当地相关农业企业的员工，又是这些企业的原材料合作方，因此收入自然会有所增长，并且其增长比例甚至会大于单纯为这些企业工作的农户。此外，受农户贷款政策的影响，其所申请的贷款大多只能用于生产经营方面，几乎所有地区均严格控制贷款用途转向生活消费型。这样做一方面是为了很好地控制贷款风险，尽量降低涉农贷款的违约率；另一方面对农户也是一种督促和引导，促使其将所获得的贷款资金用于改善家庭收入状况的"正途"，使其更好地发挥涉农贷款对自身收入状况提升的促进作用。综上所述，绝大多数农户在贷款申请时，都已经筹划好贷款的使用范围和领域，在获得贷款后的时间里，积极投身实业生产，加之近些年国家对于经济欠发达地区产品采购实行政策倾斜，对于农户创业进行业务指导、风险控制等方面的帮扶，因此很多投资都可以成功获取收益，进而改善农户收入的增长性。

表 5-2　涉农贷款对西部农户收入增长性的模型回归结果

变量代码	估计值	标准误	Wald 检验	显著性	95%置信区间	
					下限	上限
X_7	0.377	0.162	5.415	0.020	0.059	0.694
X_{10}	−0.241	0.101	5.695	0.017	−0.438	−0.043
X_{11}	0.164	0.107	2.376	0.123	−0.045	0.373
X_{14}	0.142	0.080	3.172	0.075	−0.014	0.298
X_{12}	0.100	0.056	3.218	0.073	−0.009	0.209
X_{13}	0.000	0.074	0.000	0.998	−0.146	0.146

续表

变量代码	估计值	标准误	Wald 检验	显著性	95%置信区间	
					下限	上限
X_{15}	0.175	0.080	4.794	0.029	0.018	0.331

模型	-2 对数似然值	卡方	自由度	显著性
仅截距	2017.689			
最终	1914.229	103.460	7	0.000

注：连接函数：Logit。

家庭主要劳动力年龄、户主受教育程度、家庭土地规模、对金融政策的了解意愿4个自变量影响显著，其中家庭主要劳动力年龄为负向影响，其余3个自变量为正向影响。家庭资产规模、家庭人口规模2个自变量回归结果不显著。家庭主要劳动力年龄方面，与对农户充足性的影响相似，尽管近些年农户收入整体呈现上涨趋势，但由于其体力劳动为主要收入获取方式这一特征，导致伴随着年龄的增长，农户收入增长的速度有所下降。户主受教育程度越高的农户，其利用自身相关资源来提升收入数量的能力也越强，改变自身收入状况的信心也更高，加之近些年国家对于农户增收问题不断进行政策倾斜，农户收入获取的机会较以前有很明显的增加，因此其收入增长性较一般农户更好。家庭土地规模能够促进农户收入增长性的原因一方面是与上文关于农户收入增长性的原因相类似；另一方面也因为脱贫成果巩固政策的实施和乡村振兴战略的稳步推进，当地目前正在大力推广特色种植业，从事农业生产的回报率正在稳步提高，相应地农户收入水平也在提高。对于金融政策的了解意愿也会对农户收入增长性产生正向影响，主要原因一方面是这部分农户直接利用相关政策改变自身收入状况的能力更强；另一方面在调研中也发现，很多农户通过对金融政策的了解，能够发现身边更多的致富机会，进而帮助其收入有所增长。家庭资产规模、家庭人口规模2个变量的回归结果不显著，主要原因与在收入充足性中所提到的类似，不同农户的家庭资产规模虽然存在差异，但差异的绝对数额并不大，远远没有达到能够让家庭资产规模对其收入状况产生影响的阈值，因此该变量存在一定程度上的同质性。农户家庭人口规模对其收入增长性没有影响，主要原因是伴随着脱贫攻坚的全面胜利和乡村振兴战略的稳步实施，该变量与农户的经济支出之间的联系已不似之前那样紧密，进而削弱了其对于收入增长的负向影响。由于农户家庭一般均有 1~2 个壮年劳动力，尽管一些年龄较大的劳动力也能够获取收入，但其获取收入的绝对数量已经相对较小，这也在一定程度上导致了该变量不显著。

5.2.4 对于西部农户收入质量结构性的模型回归结果讨论

前文已述及，研究农户收入的结构性，主要是了解农户获得的政府提供的转移性收入在农户总收入中所占的比例。由于转移性收入大多带有兜底、普惠性质，因此这部分收入的绝对数量往往较低，倘若在其总收入中占比过大，则表明该样本的收入状况较差，赚取收入的能力还较低。需要说明的是，这与第 3 章中运用统计数据说明的西部各省农户转移性收入逐年增加，总体收入逐年向好并不矛盾。原因是统计数据表明，转移性收入在增长，说明政府较以前投入更大，对农户的帮扶力度更强，政府工作体现出更强的作为。但就农户个体而言，转移性收入补贴的绝对数量确实较以前有了很大程度增长，但毕竟个体获取数量相对较为有限，现实中如果一个农户主要靠救济、补贴生活，其生活状况往往不会很好。通过观察计量模型回归结果（见表 5-3）也可以发现，涉农贷款对于农户收入结构性的影响不显著，与预期假设不一致。结合调研中了解到的实际情况，课题组认为可能的原因有以下三点：首先，近些年得益于乡村振兴工作的扎实开展，几乎所有的农户收入均有所增加，并且除一些由于疾病或者家庭缺乏劳动力的深度困难农户外，大部分有基础实现增收的农户收入数量均得到了较为明显的提升，且这些提升主要来源于务工或经营收入。甚至在一些自然环境比较有特色的地区，由于乡村旅游的兴起，当地农户还增加了财产性收入。由于几乎所有农户的工资性收入、经营性收入以及财产性收入等相关收入类别均有相当程度的提高，相应地，转移性收入的占比自然有所下降，而获得涉农贷款并将其用于生产经营，只是农户收入得以提升的手段之一，因此这在一定程度上削弱了贷款申请对农户收入结构性改善的促进作用。其次，农户之间的收入差距目前还很小。换言之，获得涉农贷款确实能够使农户增加相应的收入，但由于起步晚，开始的时间并不算太长，贷款对于农户收入加速提升的作用还没有得到很好的发挥，通过这一收入来源所获取的收入绝对值目前还有较为明显的提升空间。相信随着时间的推移，农户利用涉农贷款进行创业等行为对其收入提升的加速作用会得到更为明显的发挥和强化。再次，在调研中也发现，很多农户确实对于数字不够敏感，当询问其收入的总体情况时，绝大部分农户能够对答如流，但是当对农户收入各个类别进行具体的细分，要求其提供较为准确的信息时，一些农户的回答就不如之前那样干脆和确定，很多数额也是在询问了家庭其他成员，进行一定程度估计后才得出的。尽管课题组在调研时已经采取相关问题在不同时间反复询问、与其他被访谈者进行相互印证等多种方式来保障数据准确性，但毕竟没有办法完全消除此类现象，因此研究精度受到了一定影响，这也是在对文化水平相对较低的被访谈者进行调研时，难以完全避免的情况。最后，相对于没有进行涉农贷款申请的农户，毕竟贷款的申请能够作为经营性收入的一部分，给农户带来一份收益，能够提升其收入数量。因此相较于一般农户，这部分农户收入的结构性情况仍相对较好。

表5-3　涉农贷款对西部农户收入结构性的模型回归结果

变量代码	估计值	标准误	Wald 检验	显著性	95%置信区间	
					下限	上限
X_7	0.141	0.162	0.758	0.384	−0.177	0.460
X_{10}	−0.182	0.101	3.261	0.071	−0.380	0.016

续表

变量代码	估计值	标准误	Wald 检验	显著性	95%置信区间	
					下限	上限
X_{11}	0.082	0.107	0.585	0.444	−0.128	0.291
X_{14}	0.059	0.080	0.538	0.463	−0.098	0.215
X_{12}	−0.040	0.056	0.518	0.472	−0.149	0.069
X_{13}	0.149	0.075	3.964	0.046	0.002	0.296
X_{15}	0.131	0.080	2.673	0.102	−0.026	0.288
模型	−2 对数似然值		卡方		自由度	显著性
仅截距	2994.446					
最终	1949.558		44.889		7	0.000

注：连接函数：Logit。

家庭主要劳动力年龄、家庭资产规模回归结果显著，其中家庭主要劳动力年龄为负向影响，家庭资产规模为正向影响。家庭土地规模、家庭人口规模以及户主受教育程度、对金融政策的了解意愿 4 个自变量没有通过模型检验。家庭主要劳动力年龄对农户收入结构性呈现负向影响，调研中也发现，很多年纪较大的农户确实受到政府转移性支付的救济更多一些，主要原因还是劳动力水平的逐渐下降，导致收入获取难度加大。家庭财产规模对农户收入结构性具有正向影响，即财产越多的农户，获得的政府转移性收入在其总收入中的占比越少，毕竟转移性收入很多具有救济、帮扶性质，如果家庭物质条件好，这部分收入自然不会在家庭总收入中占有较高比例，这也和现实情况相吻合。对金融政策的了解意愿对农户收入结构性不产生影响。主要原因是，近些年转移性收入在农户每年的收入中所占比例有了显著下降，一些对于金融政策了解意愿较强的农户，往往更早获得较多收入，更早达到经济自足状态，相应地，转移收入在其收入中所占比例较小。而对金融政策的了解意愿不强的农户，尽管收入数量上还不够高，但很多也已经脱离了经济困境的临界阈值，不再属于政府救济范围。受教育程度、家庭土地规模和家庭人口规模没有通过显著性检验。主要原因是，转移性支付具有了兜底的性质，很多受教育程度不高、家庭土地规模较小的农户，经过帮扶也已经取得了相当的收入，尽管其收入的绝对数额可能还不算太高，但已经脱离了需要救济的范围，转移性收入在其总收入中的占比并不是很高。家庭人口规模的回归结果原本应当显著，因为在劳动力数量大多为一到两人的情况下，家庭人口越多，越会加大家庭的抚养和赡养支出，进而导致家庭收入状况恶化。但在实地调研中，在对家庭人口较多农户的走访中发现，受益于现行的关于医疗、子女教育等种种保障制度，这部分农户的开支压力有了极大程度的减缓，其自身收入获取的能力在很大程度上得以发挥，能够有条件、有平台为家庭赚取收入，进而削弱了该变量对于农户收入结构性的影响。

5.2.5 对于西部农户收入质量成本性的模型回归结果讨论

通过观察模型回归结果（见表5-4）可以发现，涉农贷款对农户收入成本性影响的显著度超过10%，说明是否获得涉农贷款对农户收入的成本性没有影响，即农户收入成本与收入间的比值大小，与其本人是否向农信社等正规金融机构获得涉农贷款之间没有关系，模型回归结果与预期假设不一致。造成这样结果的主要原因可能有以下几个方面：首先，与一般商品不同，作为人民生产生活中重要的保障品，粮食等农作物具有较小的价格弹性，为保护国民经济的平稳有序发展和不至于引起社会普通大众的心理恐慌，国家对一些重点农作物进行价格管理，因此从事农业生产所能带来的毛利润相对于其他一些行业本身就比较低。在这种情况下，为切实提高农户从事农业生产的积极性，近些年国家大力倡导减轻农户尤其是农户种植负担，对于种子购买、化肥采购等农业生产过程中的支出和花费予以一定程度的补贴，因此无论是否进行贷款，以农业生产为主要收入来源的农户，其收入成本的绝对数额均不高。其次，在调研中发现，在县上或者镇上从事非农业生产的农户，尽管在获取收入过程中存在一定的成本支出，但由于其收入的绝对数量较一般农户有更高程度的扩大，因此其成本收入比也不算高。就像在分析直接金融支持对农户收入结构性的影响时指出的那样，这部分农户的收入绝对值虽然较普通农户更多，但还不足以让回归结果发生较大程度的改变。这一方面是因为这部分农户在整个农户总数中所占比例仍不高；另一方面也因为其目前所从事的生产经营刚刚开始起步，带给其的收入回报还较为有限。再次，之前提到过一些农户既有贷款，又在当地政府通过金融、财政等手段支持的相关企业中上班，这部分农户的收入获取成本原本应当有所增加，但由于政府和社会各界的帮助，很多企业为包括农户在内的很多农户提供包吃包住等务工期间生活成本的补助，这也在很大程度上降低了其收入成本，而这也与其是否获得涉农贷款没有直接关系。最后，当前农户收入成本的绝对数额本身就比较低，加之就像前文所提到的那样，很多农户对于数字确实也不够敏感，甚至在调研中还发现，有相当一部分农户在日常生活中根本就没有记账的习惯，对于务工过程中的各项花费都只能回复一个大致范畴，并且缺乏可溯源、可倒追的手段和方法，这也在一定程度上降低了数据的精度。

表 5-4　涉农贷款对西部农户收入成本性的模型回归结果

变量代码	估计值	标准误	Wald 检验	显著性	95%置信区间	
					下限	上限
X_7	0.202	0.161	1.585	0.208	−0.113	0.518
X_{10}	0.036	0.100	0.131	0.718	−0.160	0.232
X_{11}	0.113	0.106	1.130	0.288	−0.095	0.320
X_{14}	0.141	0.079	3.169	0.075	−0.014	0.296
X_{12}	−0.071	0.055	1.653	0.199	−0.179	0.037
X_{13}	0.061	0.074	0.670	0.413	−0.084	0.206

续表

变量代码	估计值	标准误	Wald 检验	显著性	95%置信区间	
					下限	上限
X_{15}	0.102	0.079	1.657	0.198	−0.053	0.258
模型	−2 对数似然值		卡方	自由度		显著性
仅截距	2039.726					
最终	2016.786		22.940	7		0.002

注：连接函数：Logit。

家庭主要劳动力年龄的回归结果不显著，与预期假设不符，也和该变量对于收入充足性等维度的影响结果不同。调研中发现，目前由于有很好的保障措施和相对较为丰富的收入获取渠道，因此年龄较大农户的收入获取效率较以前有很大程度的改善，一些年纪特别大的农户甚至可以完全由国家兜底，生活有了足够的保障，不需要像在影响机理分析时指出的那样，通过更高的成本付出来获取与其他农户相同或相近的收入水平，这在很大程度上削弱了该变量对于农户收入成本性的负向影响。户主受教育程度对农户收入成本性具有正向影响，因为在现实生活中，受教育程度越高的民众往往具有更强的成本管理能力，进而其收入获取效率更高，尽管目前由于很多农户所从事的相关产业还没有完全"铺开"，规模效应等特性还没有凸显，导致该变量只是在10%的程度上显著，但相信随着时间的推移，受教育程度对于农户收入成本性的影响将会越发显著。对于金融政策的了解意愿变量不显著，在前文的影响机理分析中提到，对于金融政策的了解意愿越强，相应地获取信息的能力也应该更加突出，进而有助于其成本控制。在调研中发现，很多农户的生产成本已经没有太多的余地去进行削减，而这一状况与其是否具有较强的金融政策了解意愿之间并没有太直接的关系。不过观察回归结果也会发现，该变量的系数距离显著影响的下限10%已相对较近，相信伴随着农村金融对农村地区的经济发展和农户收入带动作用的进一步释放，该变量最终有可能会显著影响农户收入成本性。家庭资产规模、家庭土地规模和家庭人口规模3个变量没有通过显著性检验。和前面几个维度的影响分析相同，由于很多农户收入刚刚有所起色，很多产业还处于刚刚起步阶段，现阶段家庭资产规模和家庭人口规模与农户收入状况之间的联系还较弱，一些农户即使有相较于其他农户更多的家庭资产积累，但由于其绝对数额还相对较少，不足以形成家庭资产的规模效应，因此这两个变量的回归结果不显著。家庭土地规模的回归结果也不显著，这与前三个维度的影响结果不同。主要原因还在于当前我国对于农业生产成本强有力的控制，并且由于国家大力加强对于农户生产生活的经济支持，该群体的农业生产成本已经缩减至较低范围，因此无论其家庭土地规模如何，其农业生产的成本收入比之间的差距均不明显，进而导致该变量对于农户收入成本性的影响不显著。

5.2.6 对于西部农户收入质量知识性的模型回归结果讨论

收入知识性被很多学者认为是收入质量的核心，该维度的提升对于农户收入状况的可持续改善具有重要支配作用。观察模型回归结果（见表5-5）可以发现，涉农贷款对于农户收入知识性的回归系数小于1%，说明其对于农户收入技能的获取具有显著促进作用。造成这种情况的原因主要有以下两点：一方面，运用申请所获得的贷款进行相应的生产经营，确实能够对农户收入获取技能的提高有所促进。调研中发现，很多农户虽然在贷款申请之前已经掌握了一些农业、服务业等方面的专业工作技能，但在贷款申请成功并真正进入相关领域后，才发现实际操作和之前的设想之间存在较为明显的差异。很多农户表示，当真正开始具体实践后，发现对很多之前在培训班听培训老师说的方法理解并不深刻，还需要结合客观实际，对之前已经了解到的相关技能进行不同程度的提升。因此，尽管在近些年的乡村振兴工作中，很多农户都有机会接受到由政府或者相关企业、法人团体组织的技能培训，但毕竟"纸上得来终觉浅，绝知此事要躬行"，真正要将在技能培训班上学到的知识转化为实实在在的收入获取技能，还需要在客观生活中亲自实践。尤其是在很多农户用贷款进行创业这一过程中，由于与自身的实际利益直接相关，因此要更加用心，农户相应的专业工作技能也会有较大程度的提升。另一方面，运用贷款进行创业等行为，不仅会对农户的专业技能提出更高的要求，促使其专业能力不断精进，水平不断提升，同时还会促使农户的管理、沟通能力有进一步的提升。尤其是在餐饮、汽修等需要直接和客户打交道的领域，这些沟通、管理方面的技能甚至在某些情况下比相应的专业能力更为重要。很多获得涉农贷款的农户表示，受制于以往的生产生活环境，这部分能力之前自身往往更为欠缺，但随着时代的发展，网络销售等各种新型的交易业态纷纷出现，沟通、协调和管理等这些能力在新的交易业态中确实能够带来较为可观的实际收入，这些观点集中反映在一些创业电商的认识中。但同时也应当看到，当前农户收入知识性水平还普遍较低，大部分农户在收入获取过程中所体现出的知识技能属性还不够强。换言之，经过技能培训以及客观生产实践，农户收入尽管能够体现出一定的技术特征，但大体来看，收入获取仍然以简单的体力劳动为主，工作技能虽然有所提升，但提升程度有限。

表5-5 涉农贷款对西部农户收入知识性的模型回归结果

变量代码	估计值	标准误	Wald 检验	显著性	95%置信区间	
					下限	上限
X_7	0.425	0.164	6.751	0.009	0.104	0.746
X_{10}	−0.370	0.103	12.925	0.000	−0.572	−0.169
X_{11}	0.177	0.111	2.543	0.111	−0.041	0.395
X_{14}	0.186	0.081	5.291	0.021	0.028	0.344
X_{12}	0.083	0.057	2.168	0.141	−0.028	0.195
X_{13}	−0.104	0.076	1.898	0.168	−0.253	0.044

变量代码	估计值	标准误	Wald 检验	显著性	95%置信区间	
					下限	上限
X_{15}	0.142	0.082	3.003	0.083	−0.019	0.302
模型	−2 对数似然值		卡方		自由度	显著性
仅截距	2054.826					
最终	1936.398		118.428		7	0.000

注：连接函数：Logit。

对于农户收入知识性方面，家庭主要劳动力年龄的回归结果显著，且为负向影响，与预期假设一致。现实生活中也发现，伴随着人年龄的增长，学习效率和学习能力方面都会有较为明显的下降。对于农户也是一样，当生活水平有一定保障，不会再朝不保夕、为生活而奔波，而且进行技能提升所需要的身体机能、思维方式等主客观条件均不再允许时，很多年龄较大的农户的学习动力确实会有所下降，进而导致收入知识性欠缺。户主受教育程度对农户收入知识性具有显著正向影响。正如前文所提到的那样，受教育程度较高的农户，对于工作技能的重要性有更加深刻的认识，加之受教育程度与理解力、学习效率等因素之间有较为明显的相关性（邓锴，2020），因此这部分农户的工作技能提升也更快。对于金融政策的了解意愿对农户收入知识性具有显著影响。调研中发现，对于金融政策了解意愿较强的农户，往往学习积极性也更强，对于能够直接提升收入的工作技能的学习热情往往很高，这在很大程度上导致了该变量显著。家庭人口规模、家庭资产规模和家庭土地规模对农户收入知识性不构成影响。主要原因是，家庭人口规模方面，国家各项保障政策的逐步到位，使得家庭人口规模较大的农户生活负担减小，由资金短缺所带来的精神压力在一定程度上得以缓解，进而削弱了该变量的影响性，加之理论分析时就指出，该变量与收入知识性之间的逻辑关系并不清晰。家庭资产规模不显著的原因，与在前几个维度中提及的原因类似。家庭土地规模的影响结果不显著，理论分析时指出，土地规模较大的农户，应该对于种植等技能的需求更大，在缺乏其他相关产业的情况下，其收入知识性应当更强。调研中发现，由于脱贫攻坚工作的扎实进行和乡村振兴战略的不断深入，即使是经济欠发达的县目前也已经出现了"百业兴旺"的景象，这使得一些即使是家庭土地规模较小的农户，依然可以选择其他行业实现收入增长，而其他行业同样对于技术有更高的要求和回报，无论家庭土地规模如何，都有机会通过技术的提高使自己获取更多收入，因此该变量不显著。

在较早的文献中，稳健性检验出现频率并不高，近些年稳健性检验才被逐渐重视起来，但遗憾的是，学术界目前对于何种情况下才有必要进行稳健性检验，以及如何进行稳健性检验仍没有统一认识。参考已有研究，为保障实证研究结论的可靠性和精度，本章研究依据调研地点的不同将总样本分割成不同小组带入模型进行分析，发现核心自变量，即农户涉农贷款和农业生产保险情况在各组的回归结构中均没有发生较大变化，相关控制变量的回归结果也并没有实质性变化，均在可接受范围内。本书中后续的相关模型回归也均采用此方法做了稳健性检验，检验结果变化与此处稳健性检验结果变化一致，囿于篇幅，此处只给出稳健性检验结论。

5.3   西部农户收入质量对贷款意愿影响研究

乡村振兴战略实施以来，我国涉农小额贷款增长迅速。习近平总书记在十八届中央政治局第三十九次集体学习时提到，（四年来）金融部门累计发放涉农小额贷款2833亿元。多年来的中央一号文件也不同程度关注小额信贷等涉农贷款在农村地区的开展情况，一些地方政府还将其看作"拔穷根"的有效方式，足见该工作的重要性和复杂性。与财政支持政策不同，金融支持政策，尤其是直接的金融支持（借鉴前文的金融支持政策分类）要求农户具有一定的经济特征。以农户贷款为例，尽管国家对于农户贷款政策较其他种类贷款有很大程度的优惠，但与财政政策的普遍性相比，能够享受到金融支持政策的农户依然存在一定的门槛。在享受财政支持政策时，农户更多是直接接受，调研中一些受访农户就表示"财政帮助更多是直接送到家"，而农户想要享受到金融支持政策所带来的福利，更多是需要主动申请。在主动申请时，农户自身的经济状况、金融服务消费习惯及其对于金融的认识等因素也必然会对其能否享受到金融支持带来的福利产生影响。同时，贷款毕竟会给农户造成一定的还款压力，在今后的几年中，已经获得涉农贷款服务的农户，是否还愿意续贷？没有进行贷款的农户，是否愿意申请贷款？这关系到涉农贷款服务能否长期在农村地区扎下根，农村金融服务对于农村地区经济发展的带动作用能否长期发挥，面向经济弱势群体的金融服务和金融惠农政策是否可持续等一系列深层次问题。另外，从描述性统计和交叉分析中可以看出，当前农业生产保险还处于推广过程中，很多因素的影响暂时还没有完全发挥，因此本书暂不涉及农户农业生产保险购买影响因素的相关分析。基于此，本部分结合前人研究成果，探讨农户收入质量对其接受金融服务，即享受金融支持优惠政策的影响。需要说明的是，限于篇幅，本章变量的数据来源和描述性统计在上一章已经叙述，在此不再赘述。

5.3.1　样本交叉统计分析

收入质量方面，充足性维度，表示支出比收入多很多的农户中，有37.3%会在今后三年内考虑申请涉农贷款；表示支出比收入多一些的农户中，这一数据为25.4%；在收支基本一样的农户中，这一数据为36.0%；收入比支出多一些的农户，在今后三年内考虑申请涉农贷款的样本比例为 28.5%。收入增长性维度方面，近三年年均收入增长情况在正负 5% 以内或者下降更多的农户中，在今后三年内考虑申请涉农贷款的比例为 14.7%；在年均收入增长 5%~10% 的农户中，这一数据为 25.9%；年均收入增长 10%~15% 的农户中，在今后三年内考虑申请涉农贷款的比例为 30.5%；年均收入增长 15%~20% 的农户中，这一比例为 44.4%。收入结构性维度方面，政府转移收入在总收入中的占比超过 40% 的农户中，在今后三年内考虑申请涉农贷款的比例为 28.3%；在政府转移收入占比为 30%~40% 的农户中，在今后三年内考虑申请涉农贷款的比例为 36.8%；转移收入占比为 20%~30% 的农户中，在今后三年内考虑申请涉农贷款的比例为 35.1%；转移收入占比为 10%~20% 的农户中，该数据为 32.6%。收入成本性方面，成本收入比为 40% 以上的农户中，25.3% 的样本在今后三年内考虑申请涉农贷款；成本收入比为 30%~40% 的农户中，在今后三年内考虑申请涉农贷款的比例为 38.9%；成本收入比为 20%~30% 的农户中，在今后三年内考虑申请涉农贷款的比例为 39.3%；在成本收入比为 10%~20% 的农户中，这一数据为 30.6%。收入知识性方面，几乎没有技能含量的农户中，在今后三年内考虑申请涉农贷款的比例为 26.0%；有小部分技能含量，主要靠体力的农户中，这一比例为 18.7%；体力和技能基本对半的农户中，在今后三年内考虑申请涉农贷款的比例为 29.6%；有小部分依靠体力，主要靠技能的农户中，这一比例为 46.5%。

家庭主要劳动力年龄在 25~35 岁的农户中，今后三年内考虑申请涉农贷款的比例为 87.5%；年龄在 35~45 岁的农户中，54.5% 表示今后三年内考虑申请涉农贷款；年龄在 45~55 岁的农户中，今后三年内考虑申请涉农贷款的比例为 27.4%；55~65 岁的农户中，今后三年内考虑申请涉农贷款的比例为 28.8%。家庭人口规模在 3 人以下的农户中，21.8% 表示今后三年内考虑申请涉农贷款；家庭人口规模在 3~5 人的农户中，这一数据为 34.1%；家庭人口规模在5~7人的农户中，今后三年内考虑申请涉农贷款的比例为40.3%。主要劳动力受教育程度方面，文盲或半文盲的样本农户中，表示今后三年内考虑申请涉农贷款的比例为20.4%；小学毕业或肄业的样本农户中，这一数据为29.7%；初中毕业或肄业的样本农户中，这一数据为30.0%；高中及中专毕业或肄业的样本农户中，今后三年内考虑申请涉农贷款的比例为52.4%。家庭土地规模方面，1亩以下的农户中，36.2%表示今后三年内会考虑申请涉农贷款；2~4亩的农户中，这一比例为30.3%；6~8亩的农户中，这一比例为35.2%；8亩以上的农户中，今后三年内考虑申请涉农贷款的比例为37.7%。家庭资产规模方面，1万元以下的农户中，今后三年内考虑申请涉农贷款的比例为30.4%；1万~3万元的农户中，这一比例为26.9%；3万~5万元的农户中，今后三年内考虑申请涉农贷款的比例为31.2%；5万~7万元的农户中，这一比例为36.5%。对金融政策了解意愿方面，觉得不重要，完全没有必要了解的农户中，今后三年内考虑申请涉农贷款的比例为12.1%；觉得重要性还可以，有条件可以了解一下的农户中，这一数据为23.2%；觉得重要，想了解的农户中，这一数据为28.9%。

5.3.2　收入质量对西部农户信贷需求的影响机理分析

收入充足性方面，充足性较好的农户，往往风险抵御能力较强，对于所从事行业的了解也更加深入，因此应当更愿意进行贷款申请，该维度对于农户贷款意愿的影响应当为正向；收入增长性方面，增长性较好的农户扩大再生产的意愿往往更强，并且经过几年收入的增长，对未来的预期往往更加乐观，因此也会产生贷款意愿；收入结构性方面，转移性收入占比小、收入获取"造血"能力较强的农户，往往具有一定的经营规模或稳定的收入来源，应当会产生贷款意愿；收入成本性控制较好的农户，往往较其他农户更容易发现所处行业的利润点，更有意愿扩大生产，因此更容易产生信贷需求；收入知识性方面，技能水平越高的农户，对于收入的进一步提高往往也有更加强烈的意愿和把握，更容易产生信贷需求；非收入质量因素方面，根据生命周期理论，加之农户的工作行业往往更加集中于体力方面，因此年龄应当对贷款意愿产生负向影响；受教育程度越高的农户，对于财富积累的相关路径往往有更加深入的认识和了解，在我国全面推进乡村振兴的当下，更容易发现各类机会，因此该变量对于贷款意愿的影响应当为正向；家庭财产规模方面，家庭财产规模越大的农户，风险抵御能力也越强，对贷款意愿应当产生正向影响；家庭土地规模方面，土地规模越大的农户，在党和政府大力倡导农民就地就业、保障农业生产规模的当下，更有条件开展规模化经营，进而更有意愿获得涉农贷款，因此该变量的影响应当为正向；人口规模方面，人口规模较大的农户，往往劳动力数量更多，开展规模化经营或者进行小规模创业的条件较一般农户更加成熟，因此更容易产生信贷需求；对于金融政策的了解意愿越强的农户，对当前我国的涉农贷款更加了解也更加熟悉，更容易产生信贷需求。

5.3.3 模型选择与计量结果讨论

5.3.3.1 计量模型选择

对于农户而言，是否申请贷款实质是一个是否参与农村金融交易活动的二元选择问题，即申请或不申请。因此，本书采用二元 logistic 模型分析农户收入质量对贷款需求的影响。模型基本表达式如下：

$$P(Y_i) = F(\alpha + \sum \beta_i X_i + \mu) = \frac{1}{\sigma\sqrt{2\pi}} e^{-\frac{1}{2\sigma^2}\sum(Y_i - \beta_0 - \beta_i X_i)^2} \tag{5-2}$$

式（5-2）中，$P(Y_i)$ 为第 i 个农户具有贷款需求的概率，Y_i 为第 i 个农户是否具有贷款需求。X_i 为解释变量，β_0 为常数项，β_i 为解释变量系数，$i = 1, 2, \cdots, n$。

对式（5-2）取对数似然函数：

$$L^* = \ln L = -n \ln (\sqrt{2\pi}\, \sigma - \frac{1}{2\sigma^2} \sum (Y_i - \beta_0 - \beta_i X_i)^2) \tag{5-3}$$

将式（5-3）进行 Logistic 转换，得到概率的函数与自变量之间的回归线性模型：

$$\ln L = (\alpha + \sum \beta_i X_i) = b_0 + b_1 x_1 + b_2 x_2 + \cdots + b_n x_n + \varepsilon \tag{5-4}$$

5.3.3.2 模型回归结果讨论

依据前文分析，本部分选择农户收入质量相关变量和其他非收入变量，探究农户贷款需求影响因素。农户贷款意愿影响因素的二元 Logistic 回归结果如表 5-6 所示。

表 5-6 农户贷款意愿影响因素的二元 Logistic 回归结果

变量代码	B	标准误差	Wald 检验	显著性
X_2	0.267	0.063	18.036	0.000
X_4	−0.040	0.067	0.352	0.553
X_1	−0.070	0.079	0.796	0.372
X_5	0.189	0.066	8.360	0.004
X_6	−0.286	0.116	6.070	0.014
X_{11}	0.172	0.139	1.513	0.219
X_{14}	0.189	0.096	3.844	0.050
X_{12}	−0.032	0.072	0.201	0.654
X_{13}	−0.055	0.094	0.348	0.555
X_{15}	0.205	0.102	4.020	0.045
X_3	−0.060	0.069	0.755	0.385
−2Log Likelihood	892.717			
Exp（B）	0.492			

家庭收支情况回归结果不显著，与预期假设不符。这主要是因为，收入充足性较高的农户，贷款需求更加迫切，会更加主动地运用金融手段来改善自身的生活。调研中也发现，收入充足性越高的农户，家庭储蓄往往也越多，对于风险的可承受力越强，加之所申请的贷款更多为信用贷款，并不要求农户用资

产进行抵押，农户至少在心理上没有太大的还款负担，因此更容易产生贷款需求。但也有相当一部分农户，对于包括金融风险在内的各类风险具有较为显著的风险厌恶，"小富即安"的思想仍有存在空间，加之近些年经济发展大环境不尽如人意，因此不再愿意进行贷款申请，直接削弱了收入充足性对因变量的影响。收入增长性方面，研究发现，农户收入增长性能够显著影响农户的信贷需求，且影响方向为正向。通过与调研样本的深入交流了解到，相较其他农户，近些年收入增长较快的农户，对于自身未来的发展路径规划往往更为清晰，对于借贷资金使用的方向也更为明确，更容易产生贷款需求；反之，收入增长幅度较小的农户，由于"底子"较薄，往往自有资本不支持其进行哪怕是小规模的创业行为，其对未来发展的规划也不够清晰，难以产生贷款需求。收入结构性方面，农户转移收入在总收入中的比例对农户贷款需求没有显著影响，这主要是因为转移收入占比较小的农户，往往自身还没有形成较为稳定的收入获取方式，没有稳定的收入获取来源，不具备进行生产性经营的条件。但也有很多转移性收入占比较少的农户，尽管脱离了需要政府救济的范畴，但其收入绝对数量不够高，暂时不具备生产型经营的条件。收入成本性对于农户贷款意愿的影响不显著，和前文相关内容相似，这主要是国家已经在很大程度上降低了农户收入获取成本，因此在收入获取过程中，很多成本性支出已经得以削减。同时，与其他收入质量维度不同，农户对于收入成本的绝对数量在一定程度上具有自主权，加之绝大多数农户生活较为简朴，因此即使是收入数量相对不高的农户，其收入成本与收入数量之间的比值也有可能维持在较低水平。收入知识性方面，受教育程度越高的农户，越愿意采用贷款的方式进行生产性经营，从而改善家庭的生活面貌。调研中也发现，受教育程度与农户对政策的理解能力有直接关系，学历高的农户更能够结合自身的发展需要，提出相应的贷款申请。

非收入因素方面，年龄的回归结果显著，负向影响农户贷款需求。这主要是因为，生产性经营需要更多的体力和精力，而很多年龄较大的农户，已经不具备进行生产性经营所需要的身体和精神条件，因此不易产生贷款需求。受教育程度能够显著影响农户贷款意愿。受教育程度越高的农户，正如在影响机理分析中所说的那样，往往具有更强的理解力和知识认知能力，对于贷款等新鲜事物的接受力也更强，容易产生贷款意愿。农户家庭资产规模对于农户的贷款需求没有显著影响，这与之前的理论分析不相符。可能的原因是：一方面，尽管农户的家庭资产具有差异，但这些差异并没有像之前课题组对普通农户的调研那样，达到能够激发农户生产性经营意愿这一"阈值"的程度；另一方面，家庭资产积累需要一定的时间沉淀。在乡村振兴工作开始之前，西部农户家庭资产积累均相对较少，相互之间差异不大。乡村振兴尽管已经取得很大成效，但很多农户的"家底"依然不厚，家庭资产积累的进程仍然处于起步阶段。在调研中也发现，很多农户的收入状况和其家庭资产之间的联系并不像普通农户那样紧密。家庭土地规模对于农户的贷款需求影响不显著，主要是因为伴随着乡村振兴战略的持续推进，当地经济已经有多元化发展的萌芽，即使是土地规模较小的农户，对在未来几年内有机会获取更多的收入抱有信心，也会产生信贷需求，因此该变量不显著。家庭人口规模对于农户贷款意愿的影响不显著。之前的相关研究也表明，人口规模与农户收入质量之间没有较为直接的联系，主要原因是有些人口规模小的农户，家庭劳动力也更多，有利于家庭财产的积累和风险应对能力的提升，这部分农户应该容易产生贷款意愿；还有一些人口规模小的农户，可能家庭劳动力人口并不多，反而需要支出、需要花费的人口较其他农户更多，因此该变量与农户收入状况之间的关系有所脱节，导致该变量不显著。对于金融政策的了解意愿能够显著影响农户贷款意愿，正如影响机理分析的那样，对于金融政策越了解的农户，其产生贷款意愿的心理阈值越低，获取信息能力越强，越容易产生信贷需求。综上所述，农户收入质量当中的一些维度能够激发其贷款意愿的产生，且根据学术界已有研究以及本书前文中关于收入数量与收入质量关系的论述，这些收入质量维度与收入数量之间存在较为明显的关联，只是有时受到种种主客观因素的影响，产生一定程度的脱节。因此在授信工作过程中，对于收入质量相关维度可以有所重视。

5.4 农业生产保险政策对西部农户收入质量的计量影响讨论

5.4.1 计量模型选择

前文已述，本书设计的农户收入质量相关变量的具体选项均呈有序提升状态，即随着所选数字的增大，收入质量状态越来越好，因此本部分仍然选择有序 Logistic 模型分别考察农户农业生产保险购买情况对于其收入质量各个维度的影响。模型基本表达式如下：

$$P = (Y_{ai} = m \mid X_i) = P_{im} = e^{Z_i' \cdot \beta_m} / 1 + \sum_{j=0}^{3} e^{Z_i' \cdot \beta_{aj}} \quad i = 1, 2, \cdots, n \quad (5-5)$$

式（5-5）中，m 表示农户收入质量各个维度的具体状态，$m = 1$，2，3，4，5；Y_{ai} 表示随机变量；X_i 表示第 i 个农户的第 m 种收入质量维度的具体状态；P_{im} 表示第 i 个农户的第 m 种收入质量维度状态的概率；Z_i 表示包括农业生产保险购买方面的一系列影响农户收入质量各维度的相关变量；β_{aj} 表示影响因素的回归系数。

5.4.2 模型回归结果讨论

观察模型回归结果（见表5-7）可以发现，是否购买农业生产保险，对农

表 5-7 保险情况对西部农户收入质量的影响结果

变量代码	模型一（收入充足性）		模型二（收入增长性）		模型三（收入结构性）		模型四（收入成本性）		模型五（收入知识性）	
	回归系数	标准误	回归系数	标准误	回归系数	标准误	回归系数	标准误	回归系数	标准误
X_7	0.520***	0.165	0.388**	0.162	0.142	0.163	0.203	0.161	0.420**	0.164
X_{10}	-0.286***	0.103	-0.235**	0.101	-0.178*	0.101	0.036	0.100	-0.376***	0.103
X_{11}	0.025	0.109	0.170	0.107	0.084	0.107	0.113	0.106	0.172	0.111
X_{14}	0.155*	0.081	0.144*	0.080	0.060	0.080	0.141*	0.079	0.186**	0.081
X_{12}	0.248***	0.057	0.098*	0.056	-0.042	0.056	-0.072	0.055	0.084	0.057
X_{13}	0.075	0.076	-0.002	0.074	0.147**	0.075	0.058	0.074	-0.101	0.076
X_{15}	0.261***	0.082	0.172**	0.080	0.129	0.080	0.101	0.079	0.145*	0.082
X_9	-0.116	0.212	-0.281	0.208	-0.298	0.208	-0.155	0.207	0.288	0.211
-2Log Likelihood/ Chi-Square (Final)	1910.549	181.911	1994.476	105.213	2000.556	47.045	2084.613	23.508	1988.349	120.290

注：*、**、***分别表示显著水平为10%、5%和1%。

户收入质量的各个维度均不产生显著影响，进行逐步回归，将上一章已经验证过的涉农贷款纳入模型后，保险情况对于农户收入质量各维度的影响依然没有变化。相关控制变量的模型回归结果没有显著变化，本部分不再进行讨论。因此可以得出，在现阶段是否购买农业生产保险，对于农户收入质量没有显著影响。这与预期假设严重不符。产生这一结果，也令课题组一些成员始料未及。在回顾和复盘数据获取采集中的种种环节后，课题组一致认为各环节均符合调研活动开展规范，因此在数据获取过程中应当不存在较大偏差。

由于对于收入质量影响因素的相关研究目前还较少，因此课题组经过分析，结合在调研过程中的所见所感，并对农经界多位知名专家学者进行充分请教后，结合各位专家意见，对模型回归结果解释如下。

农户收入充足性方面。理论分析表明，购买保险应当对农户的收益产生很大程度的保障，促使其收入充足性状况有所提高。但从回归结果来看，是否加入农业生产保险对于农户收入充足性没有直接影响。原因主要有如下几个方面：首先，农业生产保险是否能够给农户收入带来较大程度的促进，与家庭土地规模之间密切相关。有很多农户，本身耕作土地规模就比较小，农业经营收入在其总收入中所占的比例并不高，因此即使农业生产保险的保障再全面，也无法对其收入充足性产生较大影响。对于一些农业生产经营规模较大的农户，农业生产保险确实能够对其收入起到相当大的保障作用，在调研中很多农户均表达了这层认识。但这部分被调查者，其收入主要依靠农业生产，而没有其他较多收入来源的农户，其收入总量在农户群体中处于两个极端，且收入总量较低农户的数量远高于收入总量较高农户的数量。而即使是收入总量较低的、以农业收入为主的农户，其收入保障也更多来源于各项乡村振兴政策的托底，并且即使面临农业生产风险，遇到颗粒无收、完全没有任何农业收入的情况，毕竟不是经常发生，因此从这个角度而言，农业生产保险的保障较为有限。其次，近些年各项针对农户收入水平提升、保障农户收入稳定增长的相关政策纷纷出台，很多农户的收入状况较以前已经有了翻天覆地的变化，即使是一些家庭土地规模较小的农户，也有很多的收入获取渠道来提升自己的收入，一定程度上削弱了农业生产保险对于全体农户收入提升的促进作用。最后，农业保险的保障水平不高，还处于保成本阶段，覆盖面也不高，降低了该变量对于农户收入充足性的影响。

是否参与农业生产保险对于农户收入增长性、结构性、成本性以及知识性的影响同样不显著，主要原因与在收入充足性中相类似，还有一些原因需要具体分析和阐述。在理论分析时论述农业生产保险会对农户的收入增长性、成本性和知识性产生影响，主要是因为考虑到农业生产保险对于农产品在生产、销售过程中的风险能够有很好的对冲作用，对于农户务农积极性有较为直接的保护和激励，进而促使农户扩大在农业上的投入，由于农户扩大投入，会使得其收入逐年增长。同时由于扩大投入，投入的成本比以前会更大、更多，一些对于数字不够敏感的农户需要进行一定的成本管理，削减不必要的生产投入，同时会产生一定的规模效应，因此会进一步改善农户的收入成本性。由于要进行规模更大的农业生产，销售更多的农副产品，对于农户的种植技能、销售技能都会有更高的要求，因此会提升农户的收入知识性，即形成"购买农业生产保险—农产品生产和销售环节的风险被对冲—农业生产积极性得以保护—农业经营回报率提升—扩大农业生产规模—提升农户收入增长性、收入成本性、收入知识性"的影响关系链条。观察这一影响关系链条可以发现，农户收入增长性等三个维度提升的关键，是在有农业生产保险的保障和激励下，农户扩大农业生产经营规模。但现实情况是，农户是否会做出扩大农业生产规模的决策，要受到家庭土地规模、农地流转便利性（主要是流入）、家庭劳动力配合程度等多重因素影响，由于所牵扯的因素过多，加之农业生产的投资回报率多年来一直相对较低，调研中有一些农户即使已经产生扩大农业再生产规模的意愿，但很多仍在观望。有一些农户确实出于种种因素的考虑，已经开始了农业生产的扩大再生产，一方面，这部分农户人数并不算太多；另一方面，其中一些人也表示，促使其做出扩大再生产决策，是因为多重因素的考量，农业生产保险只是其中一个"不太显著"的因素。对于农户收入结构性不显著的原因，主要是近些年农户收入均有所增加，政府转移收入在其中所占的比例本身就在下降，并且和贷款申请给农户带来新的收入来源不同，农业生产保险对于农户而言只是对农业种植收入的一种最基本的保障，并且从很多地区的生产实际来看，在现实中如果真的发生了较为严重的自然灾害，导致农业生产受损，即使有些农户没有参加农业生产保险，政府也会有相应的救助渠道，来降低农户的损失。以上种种因素叠加，导致农业生产保险对于农户收入质量的影响不显著。鉴于农业生产保险对于西部农户收入质量目前的影响，并且农业生产保险更多与农地耕种面积、养殖业规模等因素相关，从理论上很难推导出农户收入质量对于农业生产保险购买意愿的影响，因此本部分不再像涉农贷款那样就农户收入质量对其农业生产保险购买意愿的影响进行论述。

需要说明的是，在询问过很多农经界专家学者后，课题组认为尽管目前农业生产保险对于农户收入质量的影响不显著，但随着我国农业生产的回报率越来越高，智慧农业、数字农业的大面积普及，2022年12月召开的中央农村工作会议也强调，要做好"土特产"文章，依托农业农村特色资源，向开发农业多种功能、挖掘乡村多元价值要效益，向一二三产业融合发展要效益，坚持把增加农民收入作为"三农"工作的中心任务，千方百计拓宽农民增收致富渠道。相信随着各项政策的出台和稳步实施，到那时，必然会对农户生产技能、成本控制等方面产生新的更为直观的要求，因此从长期来看，其对于农户收入质量的影响还是有显著的可能。

那么为何同样是推广时间不长，同样都是大多数农户刚刚接触、刚刚参与，贷款和保险对于农户收入质量的影响却如此之大？主要原因是，与贷款不同，农户参加农业生产保险，更多的是为农业经营收入提供一份保障，对自己为农业经营所付出的经济和时间成本提供一个最低收益保障。另外，农业生产保险的特殊要求和属性，也一定程度上降低了其在实际生产过程中效用的发挥。相对于保障农户的经营性收益，很多保险产品还停留在保障农户成本、保障农业经营"不亏钱"的层次。目前农业保险的保障水平较低。如 2021 年水稻单位面积保额仅为 400 元，与农户期望存在差距，农业保险由"保成本"向"保价格、保收入"转变仍需持续推进。当前保险公司给付的赔付确实不高，而贷款则能够给农户带来之前没有获取过的收入，进而使农户在获取这一新收入的过程中，提升自身的收入质量各个维度。

5.5 对当前直接金融支持政策的评价

通过研究发现，涉农贷款政策能够帮助农户形成新的收入来源（如创业等），或是扩大已有收入种类数量（如加大种植养殖规模等），并且在提升农户收入数量的同时，能够通过相应传导机制对农户收入充足性、增长性以及知识性等收入质量多数维度产生正向影响，能够切实解决农户由于资金缺乏和技术不精导致的增收乏力问题，的确是我国乡村振兴工作的重要抓手，很多地区的乡村振兴工作总结也证实了这一点。同时，对农户发放涉农贷款，在帮助其改善收入状况的同时，也能够活跃当地创业氛围，促进当地产业发展，是我国进行产业振兴、推动乡村振兴的有力保障和助推器。农户收入质量维度的增长性、知识性等特征也会对农户在未来几年内是否愿意进行贷款申请产生影响，进而影响农村金融在农村经济发展过程中作用的发挥。在看到成绩的同时，我们也不应忽视一些已经存在或者将来有可能出现的问题。首先，关于农户收入成本性问题，理论分析表明，贷款发放能够有效降低农户收入成本与总收入之间的比值，但实证研究表明二者之间并不存在显著影响关系，可能的原因已经在上文进行解释。需要强调的是，相较于普通农户，收入较低农户在收入获取方面更加具有脆弱性和不稳定性，但由于受到国家的大力支持和帮助，伴随着乡村振兴的全面深入，其收入获取成本有极大可能会进一步下降，届时农户收入获取效率将有进一步提高。但也有可能由于国内经济发展的不均衡，使得一些经济欠发达地区农户收入数量提升幅度不够大，提升速度不够快，此时涉农贷款对农户收入成本性的提升作用将有可能得到发挥，因此在后续相关政策制定时应考虑到这方面有可能产生的变化。其次，针对农户供给型信贷约束问题，研究表明，一些农户出于提升自身收入状况的动机，抑或是受到周围亲戚朋友的影响，也同样产生了信贷需求。但由于失信记录、授信等级等方面的原因，无法通过正规金融机构获取贷款，这些农户的信贷需求长期得不到满足，就会寻求非正规金融机构的帮助。正如前文所分析的那样，非正规金融机构往往利息更高，相关程序也不够规范，在全国一些地区甚至引发过舆情，因此在控制风险的情况下，对这部分农户的信贷需求应积极采用多种模式进行解决。最后，伴随着收入状况的好转，有些农户也逐渐产生生活型贷款需求。而现有的针对农户的贷款政策，更多关注的是农户的生产型贷款需求，对于生活型贷款需求的关注度还有待提高。

在调研中发现，农业生产保险对于农业经营规模较大的农户起到非常重要的成本保障作用，对于其从事农业生产积极性的保障起到重要促进作用。一些被调研的农户也强调，有了农业生产保险，自己从事农业经营时"更加有底气"。很多地区的乡村振兴工作总结也强调，农业生产保险对于减轻农民经济负担、对冲农业生产经营风险有重要意义。然而，本书的研究表明，农业生产保险对当前农户收入质量各个维度均不构成显著影响。诚然就像上文实证结果讨论中提到的那样，出现这种情况的原因有方方面面，有些方面具备相应条件有可能短时间内提升和改善，如农户对于农业生产的意识等，有些可能改变起来相对较难，如种植面积的扩大、养殖规模的增长等，这些问题的改善都需要相关部门的重视以及出台具有针对性的政策并加以实施。单就农业生产保险而言，其存在的问题可能还是没有从"保成本"上升到"保价格"上来，覆盖面也有待提升，保险公司推出的地方特色农产品保险受到农户的欢迎，但也存在一定的保额问题。"保险+期货"模式和农产品价格指数保障模式，尽管在实际生产中一定程度上起到不可忽视的效果，但受限于农户对于金融政策的了解以及相关金融知识的普及，它给个别农户在理赔过程中带来了相应困扰，甚至是误会。调研中发现，农户对于农业生产保险的保障期望，不单单是能够保障其进行农业经营所投入的经济成本，还希望农业生产保险能够保障其时间成本，以及农产品销售利润。同时应该认识到，与能够月结、时时保障家庭有现金流的工资性收入不同，农业经营收入具有季节性特征，无法给农户家庭带来可以媲美工资性收入那样的稳定收入，从现金流上看并不稳定，因此针对不能带来稳定现金流给农户带来的生活不便，农户也期望能够由农业生产保险来负担，或者说至少负担一部分。此外，调研中还发现，很多农户对于保险没有明确的认识，或者说认识程度还有很大提升空间。甚至有些专业合作社给农户买了农业生产保险，农户本人都不清楚，更不知道理赔等相关业务开展的程序。因此完全可以说，当前的农业生产保险保障力度和农民预期之间存在较为明显的差距，无法促使农户依据农业生产保险所提供的保障力度来扩大农业生产经营规模，继而无法促使农户获取新的收入来源或者扩充已有收入种类规模，导致其对于农户收入质量影响不显著。诚然，保险公司作为企业，难以做到完全不计成本地开展农业生产保险业务，因此在大力倡导保险公司开展农业生产保险业务的同时，也可以探索进一步加大地方特色农产品财政保费补贴力度，以缓解保险机构的承保压力。

6 基于西部农户收入质量视角的间接金融支持政策评价

　　2018 年，习近平总书记在打好精准脱贫攻坚战座谈会上强调，要"增加金融资金对脱贫攻坚的投放，发挥资本市场支持经济欠发达地区发展作用"。从覆盖面来看，为当地企业提供融资等金融服务，帮助当地企业成长，推动产业发展，进而带动农户就业或者农产品销售这一间接金融支持模式，惠及的农户最广①。为农户发放贷款，以及对其提供农业生产保险，固然能够帮助农户进行创收，使得一些有技术、有能力但缺乏资金的农户收入提高。本书相关章节的研究也表明，这些做法在提升农户收入数量的同时，也确实能够改善农户收入质量。但不可否认的是，我国农村家庭生产经营规模普遍较小，抵御风险能力低，资源整合不充分，资源开发和利用不合理的情况仍然普遍存在。目前我国大部分农户独自获取收入的能力还有较大的提升空间，因此，早在乡村振兴开始之初，国家就大力倡导要进行"产业振兴"，各地纷纷将这一倡导转化为工作思路，结合本地区的资源禀赋，制定和本地区实际情况相适应的脱贫成果巩固路径。"产业振兴"一方面是要扶持本地区的优势项目发展，形成产业

---

　　① 产业扶贫政策覆盖全国 98% 的贫困户［N/OL］. 人民日报，http：//www. gov. cn/xinwen/2021-02/22/content_5588162. htm，2021-02-22.

聚集，打造本地品牌，进而提高农户收入。向农户直接发放贷款可以被看作这一类，即帮助农户提高对本地区气候、土壤等自然环境的利用效率，为他们创造更为便利的获取收入条件，在促进本地区资源开发、壮大当地优势产业的同时，解决农户增收问题。另一方面，"产业振兴"也有发展产业链的含义。经过多年市场经济发展的实践，社会各界越来越发现"链式发展"对于一个地区、一个省份乃至一个国家产业发展的重要性。近年来党中央多次强调并明确提出要"提升产业基础能力和产业链水平"。完整且富有韧性的产业链不仅是经济发展的重要保障，也是人民群众获取稳定收入的重要载体。以陕西省为例，2021 年 8 月，陕西省工信厅结合全省产能布局，提出了 23 条重点产业链。随后，陕西省农业农村厅、陕西省文旅厅也分别结合各自的业务范畴，提出了不同的产业链发展安排。通过梳理相关制度文件可以看出，很多内容都要求对产业链上相关企业进行税收、融资方面的优惠。从乡村振兴和巩固脱贫攻坚成果方面来看，通过扶持相关企业或生产组织，并通过它们去影响、带动农户增收，在发展当地产业的同时，也切实改善了农户收入状况。通过已有的金融支持文件梳理也可以看出，很多文件在规定了对农户发放贷款、提供农业生产保险的同时，也提出要对当地农业企业、合作社进行金融帮扶，以促使它们为更多的农户提供相应的工作机会，抑或购买他们的农副产品，以达到提高农户收入的目的。虽然这些金融支持是直接面向当地企业或农信社，并不是直接面向农户，但最终目标却是提高农户收入，因此这部分金融帮扶应当属于间接帮助。

尽管很多研究都表明，这一方式对于提升农户收入数量有显著影响，但对于农户收入质量的影响如何，之前的研究还较少涉及。本章将探究这一金融帮扶政策对于农户收入质量的影响。需要说明的是，由于这些金融支持政策的直接服务对象是各类法人，并不是农户，因此其内容大多与企业等组织实际运行有关，但本书的研究内容是农户收入质量，所有内容安排均围绕这一主题展开，因此本部分不重点讨论当前金融支持政策对于企业发展的促进作用以及所存在的问题，只是讨论通过对当地农业企业进行金融帮扶，使得这些企业发展壮大，进而是否真的能够带动当地农户增收，改善其收入质量。

6.1　间接金融支持政策对西部农户收入质量的影响机理分析

通过对前文所提到的金融支持文件和规定的梳理可以看出，除了直接针对农户开展的贷款、保险等金融服务，还有很大一部分内容涉及对经济欠发达地区当地企业的金融支持，目的是通过对这些企业进行金融帮扶，帮助其解决发展过程中所遇到的困难，促使其通过提供工作机会、承租农户土地等资产、购买农户所生产的原材料等多种方式，帮助农户获得更多的收入，即形成"金融支持政策为当地涉及乡村振兴的相关企业提供资金支持—企业得以良好发展，实力增强—雇佣更多农户进行工作或承租资产—提高农户收入"的影响关系链条。此外，"要想富，先修路"，我国很多经济欠发达地区的基础设施建设较为滞后，极大影响了当地的生产建设和经济发展。还有一种间接性的金融支持，是对当地基础设施建设进行金融支持，推动当地经济发展，进而提高当地农户收入，即形成"金融支持当地基础设施建设—当地经济发展环境变好—当地农户收入增加"的影响关系链条。从上述影响关系链条可以看出，这种类型的金融支持对于农户收入的提升更多表现为间接性，甚至在某些程度上更多体现为一种外部性特征。按照前文所述，尽管目前也有很多衡量间接效应的模型，但为了进一步保障研究精度，本部分研究借鉴社会学、行为学等学科的研究方法，重点采用案例、访谈等研究方法来进行。

上文提到，通过对当地企业进行金融帮扶，进而提高当地农户收入的方式和路径主要有三条，即提供工作机会、承租相应资产和购买相关原材料。从农户收入的角度来看，企业承租农户土地等相应资产，主要能够给其带来一定的财产性收入，因此主要影响农户收入的充足性、增长性、结构性和成本性，对于农户知识性的影响应当较小。并且从客观实际来看，除一些已经开发为较成熟的旅游景点或者工业园区外，大部分农户通过这一方式所获取的收入数量较为有限；而购买农户生产的原材料，从农户的主观感受而言，这种扶持方式与政府定点采购等财政性扶持方式已经没有太大区别，尽管能够给农户收入质量带来影响，但这种影响更多的是由农户自身力量之外的相关因素所决定的，即农户在其中更多扮演被动角色，发挥主动性的余地较为有限。其实从很多地区的实践来看，向农户购买原材料是产业振兴的重要方式之一，也能够对农户的实际收入产生很好的提升作用，但笔者在本书的第一章就强调，农户收入质量更多衡量的是其收入获取能力，即其"造血"能力，因此上述两类方式对农户收入质量的影响本书在后续将不再重点进行讨论。当然，这并不是说这两种扶持模式不重要。与这两种模式有所区别，为农户提供工作岗位，不仅能够为农户带来新的收入来源，改善其收入结构，还能够让农户获得新的工作技能，因此，关于金融支持政策对农户收入质量的间接影响，将主要讨论这种模式。

支持当地企业发展的金融支持政策对于农户收入质量的影响机理分析如下：一旦农户家庭成员中有人在企业进行工作，则能够获得一笔较为稳定且可观的收入，因此，其收入的充足性将得以提升；收入增长性方面，如果农户能够很好地限制支出，使得支出上涨的速度小于收入增加的速度，那么收入增长性将有较大程度的改观；收入结构性方面，伴随着农户工资性收入水平的提高，其转移性收入在总收入中所占比例将下降，因此其收入结构性将好转；收入成本性方面，由于农户参加工厂工作势必会产生新的成本，如住房、用餐等，而这些开支的弹性往往较小，因此，农户的收入成本性应当如何变化还不明朗；收入知识性方面，由于将面对新的工作环境和工作内容，农户的工作技能应当有不同程度的提升，并且随着工作技能的提升，其收入获取效率将有不同程度的提升，因此，对其收入知识性的影响应当更多表现为正面。

6.2 研究方法选择

上一章在介绍数据来源时指出，为保障研究精度，加之目前我国乡村振兴工作均以户为单位开展工作，因此虽然在前期介绍各地农户收入质量现状时用到了一些国家公布的不是以户为单位的统计数据，但在后续的几个章节中均采用本书课题组实地以户为单位开展调研所得到的数据。另外，在安康等地的实地调研中发现，首先符合相关扶持政策规定的企业大多结合自身发展实际，申请了种类不同的金融支持政策，因此对照组的选择并不容易。其次同时为这些企业和组织工作或者提供原材料的农户，收入质量也大多有显著增长，但很难具体量化某种针对企业的金融支持政策真正给农户收入质量带来多少变化。很多企业负责人或者专业合作社负责人也强调，针对他们的金融支持政策绝大多数确实能够起到减少成本、提升利润的作用，企业也会根据自身发展战略和盈利情况对参与企业生产经营的农户进行资金回报。因此，前文提到的影响关系链条中"金融政策扶持—帮助企业发展"这一段与现实基本是符合的。但企业运营毕竟是动态的，市场行情也是瞬息万变，很难区分开农户收入特征的变化是由具体哪一项针对企业的金融支持政策带来的，同时这二者之间的联系中间有无数个中介因素，因此如果进行简单的量化分析，有可能造成回归结果偏差，削弱解释力度。就我们所选择的调研地区陕西省 Q 县而言，早在乡村振兴工作开始之初该县就提出要在金融支持过程中注意对当地农业企业的帮扶，推出了"企业+农户+金融+振兴"模式，体现出"扶持一个企业，支持一个项目，带动一个产业，辐射一片农户"的思路。因此本章借鉴霍学喜（2022）、潘家恩（2022）、谢康（2022）和湛礼珠（2022）等的研究，通过对几位农户的深度访谈，来具体考察一下这种模式下农户收入质量变化的情况。

6.3　影响结果讨论

6.3.1　间接金融支持政策对西部农户收入充足性的影响

和预先理论推导的一样，由于在企业上班能够给农户带来一份新的收益，并且这部分收益不需要农户付出更多的经济成本即可获取，因此多数在当地农业企业工作的农户均强调自身的收入得到了提高，家庭收入充足性较以前有了明显好转。Q 县李家塔镇农户 X 姓村民指出，自从在公司上班，完成企业安排的工作就能得到相应的收入，不用去田里就可以挣得比种地多，收入数量比之前多多了。Q 县农户 B 姓村民讲，在当地的食品加工厂上班，比之前种地强得多，现在一边种地一边上班，这下日子就好过了。Q 县 K 姓工作人员强调，在县政府、乡政府的支持和帮助下，当地金融机构为合作社提供了近 200 万元的贷款，利息由公家管，有了这笔钱，就更有信心带领大家致富了。H 姓农户表示，乡村振兴实施以来，当地充分挖掘本地区特有的红椒土资源，通过互助资金和招商引资等方式，组建了机砖制造公司，他不仅从之前一直住的老窑洞搬出来，住进了离公路很近的新房，还就近在新成立的砖厂工作，家里两个人一天有 300 元左右的收入，感到很满意。在调研中也发现，对于在当地企业上班或者参与当地企业经营能否给家庭带来可观的收益，几乎所有受访者的观点都是一致的，区别仅仅是在相应的数额方面。

金融支持企业，进而推动产业发展，促进农户收入提高，农户收入稳定性增强的案例，还有很多。例如陕西省安康市紫阳县，由于身处大山，交通不便，面对苏陕扶持协作的历史性机遇，2017 年 11 月，在充分调研基础上，从"扶持一个企业不如扶持一个产业"的发展思路出发，安康决定从江苏等地成建制引进毛绒玩具文创产业，从当地安置社区吸纳农户就业，并先后协调设立苏陕协作财信担保基金、融资租赁贷款贴息基金等金融产品，对相关企业进行金融支持。根据当地招商局 L 姓工作人员介绍，目前已经吸纳就业 15635 人，其中收入较低人员 3376 人。2022 年上半年，有近 10 万只"冰墩墩""雪容融"从安康走向世界。当地从事毛绒玩具这一行业的一位 W 姓农户说，在毛绒玩具加工工厂工作，离家近，工作内容不辛苦也不难，就是用用缝纫机，每个月就能有几千块的收入，这在之前真的是想都不敢想。Q 姓农户说，"之前我住在山上，老公常年在外打工，我就在家带孩子、照顾老人，除了干农活，别的也不会。搬到安置社区后，我在家门口就能挣钱，日子比以前红火多了"。

6.3.2　间接金融支持政策对西部农户收入增长性的影响

通过调研了解到，由于受到金融支持政策的帮助，当地很多农业相关企业或劳动密集企业能够吸纳更多农户加入其中从事劳动。由于加入了企业或者专业合作社，"被组织起来了"，农户纷纷表示在收入数量较以前有较大程度提升的同时，收入的稳定性与从前也不可同日而语。所有的受访农户均表示，在工厂里上班，或者是给合作社供货，都能按时拿到工资或者货款，"绝对不会出现拖欠工资的情况"。在 Q 县山地苹果基地上班的 H 姓农户表示，以前务工需要去外面，远离家人，经常照顾不上家庭。现在好了，在家门口就能有工打，家里事情也能顾上，工资收入也能按时发放。相较于之前种地收入不稳定，现在可以说是已经获得了一份可靠的、稳定的收入。每年的收入增长性也有了很大程度的改善。需要强调的是，在调研中发现，持续、稳定的收入对于农户的影响力非常大，包括上文所提到的很多农户在内的一些被调研者甚至表示，"宁愿要收入稳定的一百块钱，也不愿意要今天有明天没有的两百块钱"。尤其是在毛绒玩具产业发展迅速的安康地区，很多农户在被问及"如果受到市场环境的影响，企业产品销路短时间内发生问题，只可以发放一部分工资，待企业销售恢复后，尽快补齐"这样的方案能否接受时，几乎所有的被访谈者都表示可以接受。还有很多人表示如果真的出现了问题，愿意重新安排自己的工资，与企业共渡难关，"人家给咱提供工作机会，有困难咱不能为难人家"。这说明，收入的稳定性在农户心目中有着非常高的"溢价"，农户尽管收入数量普遍不高，在生活上也经常因为资金的问题捉襟见肘，但在谈及收入时，并没有对收入数量有更多的期待，而是更加看重收入的稳定性。究其原因是农户家庭资产普遍不多，风险抵御能力普遍较弱，而一般传统的农业生产在生产环节要面对气候的自然风险，在农产品销售环节要面对价格波动等市场风险，对于这些实实在在的风险，农户却普遍缺乏合理有效的风险对冲机制等风控手段，因此一直有学者强调，农户对于风险有天然的"厌恶"（霍学喜，2013），甚至一些农户对风险有"极端厌恶"（孔荣等，2014）。调研中很多农户总是在说"现在好了"，这其中既有对现在收入数量的满意，也道出了终于拥有一份相对稳定的工作给自己和家人所带来的喜悦和欣慰，饱含了对党和政府开展乡村振兴工作的感激之情。

6.3.3 间接金融支持政策对西部农户收入结构性的影响

通过之前的分析可以看出，出台相关政策，运用金融手段扶持当地农业企业发展，进而带动当地农户就业、发展当地产业，是我国乡村振兴工作开展的重要方式。依据本书课题组的调研结果，从农户收入结构性的角度看，这种金融支持模式对其帮助也非常巨大。首先，这种乡村振兴模式给农户带来了工资性收入。在对农户收入充足性影响时所提到的那些被调查者，绝大部分都获得了工资性收入。其次，是给农户带来了经营性收入。一些地区的农户种植农副产品，之前愁销路、愁价格，现在随着与当地相关企业合作的顺利进行，这些顾虑很多都已经不复存在。例如，由于地理条件的优渥，Q县的酸枣被很多专家认可，强调其具有很高的营养价值，但由于没有闯出牌子，销路不畅，当地农民也很少大规模种植。乡村振兴工作开始后，当地通过一系列财政、金融政策吸引到一家生物工程公司来Q县投资设厂，有力地促进了当地酸枣种植业的发展，为当地农户尤其是经济状况较差的农户的生活带来巨大变化。Q县折家坪镇麻池沟村农户B姓村民说，自从这家生物公司业务开展后，在企业和相关农业专家的悉心指导下，他也开始大面积种植酸枣，平时就在生物公司上班，等酸枣果成熟了就一起卖给生物公司。这样不仅自己打工有收入，种酸枣果子的收入也有了保障，从多年前的"吃不饱、穿不暖"，到如今家门口就有工作，有活干，有钱赚，"日子越过越红火"。最后，也是最重要的一条，就是合作社和很多农业企业，在组织农户进行生产的同时，还会给农户进行分红，这就为农户带来了财产性收入。前文提到的砖厂，全体村民可以通过那个砖厂每人每年分红1000元，农户还可以根据村集体经济进行二次分红，每人可以增加2000多元的收入。Q县万只湖羊乡村振兴产业示范基地工作人员Z先生强调，2019年为400余户农户，1500多人分红110万元以上。Q县政府还利用苏陕乡村振兴资金入股，以政企合作模式投资建设5家后续扶持社区工厂，5家工厂每年能够为300余位农户分红几十万元。因此，通过金融支持相关企业，发展壮大当地实体经济，进而企业吸纳农户就业这种乡村振兴模式，对农户的收入结构性有积极影响，能够提高农户的工资性收入、经营性收入和财产性收入，相应地，转移性收入在总收入中所占的比例会减小，农户能够不依赖于政府救济而获得持续、稳定的收入，获得感、幸福感都明显提升。

6.3.4 间接金融支持政策对西部农户收入成本性的影响

之前篇章强调，本书所提到的农户收入成本是指其在获取收入过程中所付出的各类经济支出，包括但不限于交通费、房屋租赁费，以及务农所产生的种子、化肥、浇地以及相关运输费用等。而收入成本性则是指这些支出与其总收入之间的比例关系。在调研中发现，国家开展金融支持工作开始以来，农户的收入成本明显下降。上一章已经探讨了直接金融支持对于农户收入成本性的影响，这里探讨间接金融支持对农户收入成本性的影响。首先是农户外出务工所产生的费用通过间接金融支持得到削减。上文很多被采访者也强调，由于产业振兴工作的推进，县里、镇上通过金融支持，引进了很多农业企业，这些企业离自己居住的距离都非常近，"家门口就把班上了，钱赚了"是这些农户共同的看法。值得一提的是，与一些自然条件相对较好的县域相比，Q县虽然总人口不多，但在乡村振兴工作开始之前，Q县很多农民居住非常分散，很多地区的路面、夜间照明等基础设施并不完备，这在很大程度上给这些地区农户的发展造成了巨大阻碍。乡村振兴工作开始后，当地启动了易地搬迁工作。当地自然资源和规划局H姓工作人员强调，在搬迁过程中，不仅关注到农户的居住问题，更考虑到他们的生产生活问题。Q县高杰村镇辛关村农户H姓村民说，目前他在县里有了住房，党和政府还在园区里安排了后续产业，有好几种就业方式可以选择，以后就不用外出打工了，家门口就有活干，感谢党的好政策。同时，农户工作期间生活成本降低了。由于在家门口就有工作，不用再承担外出务工时候的房租费用，很多企业还包吃住，进一步降低了农户的生产生活成本。其次，一些合作社、企业还通过向农户赠送种子、种苗等措施，降低农户的生产成本。例如，Q县政府办就曾经与相关企业一起为当地122户农户发放种苗，并且约定当这些种苗长大后，由企业按照最终的实际等级进行收购；在春耕备耕时，该县农业农村局还会统一采购旱作农业种子，免费向全县农户发放。最后，间接金融支持模式会在很大程度上削弱农户之前为了获取收入所产生的亲情成本。Q县下廿里铺镇一位Z姓农户说，之前为了生计，在西安打工，每当上幼儿园的孩子问他能不能回来参加班里组织的亲子活动时，他心里都特别难受，觉得对孩子亏欠太多。这种亏欠虽然不能直接用钱来表示，但也是实实在在存在的，甚至会对自己的生活产生影响。课题组之前以西部农民工为研究对象的相关研究也发现，长期远离家里，见不到家庭成员，给务工者和家庭留守成员带来的心理焦虑甚至是煎熬，确实是客观存在的，并且广泛存在于不同性别、年龄、工作经历乃至不同性格的被调研者身上。而通过金融帮扶引进相关企业，使农户在家门口就能上班，能够极大地消除工作过程中的亲情成本。

6.3.5　间接金融支持政策对西部农户收入知识性的影响

霍学喜（2018）强调，很多农户之所以收入一直上不去，主要原因一是缺资金，二是缺技术，足见专业技能的提高对于农户增收的重要性。由于要到新的企业上班，或者需要给合作社提供符合要求的农作物原材料，农户都需要掌握新的技能，因此间接金融支持有助于农户收入知识性的提高。Q县下廿里铺镇背峁河村W姓村民说，之前家里也搞过一些小规模的养殖业，但上不了规模，挣不到钱。现在政府联合肉类加工厂，提供养殖技术指导培训，并跟踪服务，帮助解决农户在养殖过程中所遇到的各类问题。有了科学化的养殖技术，农户收入比之前增加了。Q县下廿里铺镇韩家塬村农户H姓村民讲，"千金在手不如一技在身"，之前没有技术，外出务工，辛苦还挣不到钱。现在县上给传授剪纸技术，还引进相关企业包回收，日子比之前可好过多了。高杰村镇辛关村专门为合作社养殖户开展实用技术培训，既提高了出栏质量，同时也提高了相关农户的收入。值得一提的是，课题组之前在其他地区了解到，针对农户的技能培训往往都是简单、重复的技术，一些技术的技能含量尤其是科技含量并不高。但在 Q 县调研时发现，该县通过培训"人工智能训练师"打通"信息高速公路"，并入选人民网 2021 年度乡村振兴示范案例，将人工智能这样的高科技技术，与农户就业相结合，这也在很大程度上拓宽了乡村振兴工作的思路。此外，政府还与家政公司一起给农户提供月嫂培训服务，与工艺品公司一起给农户提供缝纫培训服务，等等，不一而足。受过技能培训的农户大多表示自己的技能水平有所增强，能够胜任企业或专业合作社的相关要求。但不应忽视的是，在调研中有 1/4 以上的农户表示自身的工作技能没有得到很好的提升，或者说虽然得到了提升，但已有的工作技能还远远没有达到可以让自己"依靠"的程度。这在收入质量前几个维度的调研中，是极少见到的。其中一些村民强调，目前所具有的工作技能，其他人也可以在很短的时间内学会，并且一些技能的熟练程度并不会随着工作时限的延长而有较大程度的提升。还有一些在加工厂工作的农户表示，之前觉得参加技能培训班很重要，但具体操作才发现，很多和之前讲的并不完全一样，"没有受过技能培训的人看一会也能干"。总之，间接金融支持对于农户收入知识性有提升作用这是大部分被访农户都能接受的观点，但对于这一工作技能是否达到让其"依赖"的程度，农户则有不同的看法。

6.4 对当前间接金融支持政策的评价

间接金融支持政策，即通过对当地吸纳农户就业或者与农户之间形成稳定采购关系的企业或专业合作社等法人组织进行金融帮扶，通过帮助它们发展壮大，来改善预期有业务往来农户的收入状况。从新闻媒介等机构披露的公开信息中可以发现，很多接受该项业务帮助的法人机构负责人都表示，金融帮扶能够在一定程度上降低企业融资成本，稳定企业现金流，帮助企业盈利。相应地，"大河有水小河满"，与这些法人组织有关的农户的收入状况也应当得到提升。本书的研究结论确实也证明了这一点。调研中发现，由于我国农村生产大多由农户直接进行决策和实施，相较于直接针对农户开展的贷款等金融支持，这种间接金融支持能够有效整合我国农村地区生产资源。由于几乎不需要过多的门槛，农户参与更为便利，所带动的农户数量更多，收入提升也相对更为显著，农户满意度普遍较高，间接金融支持的确是我国进行乡村振兴的重要手段，效果最为显著。但目前仍有两方面问题需要关注：一方面，政府对这些法人组织进行金融帮扶的初心，并不仅仅是帮助它们迅速发展，甚至可以说，主要目的也不是只帮助这些法人组织成长，更主要是为了实现帮助更多农户收入水平提高这一战略性目标。近些年伴随着企业的发展，以及政府和社会各界的重视和监督，这些法人组织对于改善农户收入、将更多企业盈利向农户进行分配也非常重视。但随着企业发展越来越好，盈利越来越多，农户能否持续在其中共享法人组织发展的红利，还需要相应的制度保障，以及一定的工作模式创新。如一些地区针对这一法人组织特点，成立相应机构，发挥监督和引导职能，抑或在此类企业申请融资优惠政策时，要求其对利润分配以及相应监督机制进行披露，保障农户利益等，收到很好的效果，可以考虑进一步推广。另一方面，本书在实证分析阶段指出，间接金融支持能够帮助农户提升工作技能，在很大程度上解决了"缺技能"给农户造成的增收乏力问题。但随着科技的飞速发展，新技术更新迭代速度进一步加快，企业未来所需要的技术水平必然会越来越高，针对技能较弱的人力资本的需求量也会有所降低。届时，农户能否胜任相关工作、是否还有机会能够通过为相关企业提供服务来提升自身收入，都值得商榷。需要说明的是，以上两点都属于当前尚未发生的问题，只是根据以往经验对未来可能遇到的问题进行预测和探讨，课题组当然希望这些预计出现的问题不会出现，农户能够持续通过这一方式来提升自身的收入状况。但习近平总书记在多个重要场合多次强调，要有底线思维。因此针对这一问题，还是应当予以关注。

7 结论与对策

7.1 研究结论

本书参考和借鉴了国内外的相关研究成果，以农户的收入质量概念为切入视角，结合金融发展理论、农村金融发展理论、金融减贫理论以及贫困与反贫困理论等构建了金融服务与农村经济发展的理论分析框架，深入分析了金融支持政策对农户收入增加的支持作用。本书从农户的收入质量出发，以我国西部省份为研究对象，分别从直接影响和间接影响两种途径出发，分析了我国西部地区金融支持政策对农户收入质量的影响。本章根据实证分析结果，结合我国国情和现阶段我国"三农"工作的主要重心，为中国农户实现收入质量的进一步提高和中国农村实现更加现代化和产业化的发展从金融支持政策层面提出了改进路径和优化措施，为我国实现下一阶段发展目标、全面推进乡村振兴提出了具有可实践性和可靠性的政策建议。通过前文的理论分析和实证检验，本书主要得到以下研究结论：

7.1.1　农户对党的金融支持政策认可度高

笔者和一些研究团队成员在农村金融领域进行学习、调研及研究已经超过12年，从党的十八大召开之前的三四年一直延续到现在，可以说亲眼见证了十八大以来我国农村地区的发展变化。就乡村振兴工作而言，由于我国农村地区人口基数大、发展底子薄，很多农户生产生活资料较为稀缺，因此我国长期重视开展"三农"工作，政府和社会各界均投入大量人力财力，但效果始终不尽如人意。全国很多地区的脱贫成果巩固不够完善，当地基础设施建设、产业发展规模始终没有较大改观，农户生产生活水平也始终在低位徘徊。习近平总书记在党的十九大报告中提出实施乡村振兴战略。由此包括西部省份在内的全国所有包含经济欠发达县的省份均须厘清乡村振兴工作思路，制定金融支持政策，详细计划工作时间表，结合自身资源禀赋实际，运用包括贷款、保险、融资在内的一切可加以运用的手段和方法，以产业振兴为主要模式，合理开发当地资源，促进当地产业发展，进而通过产业发展，带动当地经济增速，推动农村三产融合，增加农户收入水平，拓宽农户收入来源渠道，"改穷貌、挪穷窝、拔穷根、摘穷帽"。这些由党带领群众所做出的实实在在的成绩，使得当地的生产生活状况有了巨大改善，农村面貌焕然一新。尤其是在脱贫攻坚结束后，党中央继续关注农业农村工作，提出做好乡村振兴与脱贫攻坚的衔接工作，加快乡村振兴战略实施。在课题组进行调研时，乡村振兴战略正在稳步推进，农村地区正在朝着生态宜居、产业兴旺、乡风文明、治理有效、生活富裕的方向阔步前进。在调研中接触到的所有农户，都对党的包括金融支持在内的乡村振兴工作表达了感激之情，发自内心感谢党和政府，认识到乡村振兴工作能够全面系统地解决收入水平较低地区农户的生产生活问题，帮助他们提高收入获取能力，创造工作机会，提高收入水平，改善生活条件。同时很多农户都强调，包括金融支持在内的各项乡村振兴政策的高质量实施，不仅使他们的收入数量得以提高，也帮助他们获得了持续获取收入的能力。正所谓"授人以鱼不如授人以渔"，伴随着收入获取能力的提高，一些农户树立了较为可行的生产生活目标，扶贫与扶志、扶智的结合收到了可以感受到的成果，调研中很多农户觉得"生活有奔头了"，极大地激发了农户的主观能动性。课题组成员能够感受到这些被访谈的农户很真诚，所表达对党的感激之情也确实是真情流露，很多场面令课题组大受触动。

7.1.2 西部各省份均重视出台金融政策提升农户收入

通过梳理可以发现，在乡村振兴战略实施过程中，西部各省份均注重出台金融政策，调动社会闲散资金，来促进农户收入的提升，推动乡村振兴工作的顺利实施。西部各省份均由省级相关部门出台了金融支持的相关政策和措施，相关地市以及很多经济欠发达县域，也都结合自身特点，出台了各类金融支持政策，积极提高本地区农户收入。为进一步提高相关金融机构开展金融支持的积极性，很多地区还将金融支持工作开展情况纳入对相关部门的考核当中，并综合运用表彰、通报等多种方式进行鼓励。由于多项金融支持政策的出台，金融支持工作在西部各省份得以顺利开展，并取得了实效。伴随着 2020 年我国脱贫攻坚工作取得全面胜利，在很多地区的工作总结中，对于以金融为抓手，带动当地产业结构升级的同时，促进当地农户收入水平的提高这一做法，都予以充分肯定。通过对已有的金融支持政策进行分析可以看出，基本可以归纳为为农户提供贷款、为农户提供农业生产保险服务以及为给当地农户提供就业机会和利润分红的企业或者专业合作社提供融资便利等服务三类。其中，直接为农户提供贷款、保险等金融服务，属于直接针对农户的金融支持范畴；通过对相关企业和专业合作社进行融资扶持，帮助它们发展壮大，进而为当地农户收入提升创造条件，属于间接针对农户的金融支持范畴。通过对金融支持领域的典型案例介绍以及实地调研可以发现，无论是直接金融支持还是间接金融支持，在乡村振兴实施过程中都有很大程度的推广。需要说明的是，由于在乡村振兴工作开展实际中，金融支持政策和财政补贴等相关乡村振兴政策往往"结伴而行"，并且在一些发展基础较为薄弱的地区，财政扶持政策起到的基础性作用往往更直接一些，财政、金融手段相互配合对于促进乡村振兴任务的顺利开展，以及脱贫成果巩固与乡村振兴的有效衔接具有重要意义，甚至学术界有些观点将财政扶持政策也归入金融支持范畴，但本书还是遵循学术研究惯例，将研究聚焦在贷款、保险、企业融资等金融业务对于农户收入的改变方面。

7.1.3　近年来西部农户收入质量有明显提升，但仍有提升空间

通过对国家统计局公布的针对乡村振兴领域相关统计数据的梳理，可以看出自乡村振兴工作全面开展以来，西部农户收入数量逐年上升，生活水平得以改善，最终实现小康；收入水平逐年增长，一些西部地区的农户收入增速甚至达到较高水平；西部农户的工资性收入、经营性收入，财产性收入均有显著增长，政府救济等转移性收入在总收入中所占比例显著下降，西部农户自发获取收入的"造血"能力显著提升；尽管没有国家相关部门公布的宏观数据，但通过对西部各省份的乡村振兴信息进行收集和汇总，可以发现各省份均在降低普通农户收入成本方面有所行动，所推出的相关措施涵盖农产品生产（免费种苗发放）、运输（进行经济欠发达地区基础设施建设）、销售（促进农村电商发展）等各个环节，力求全面降低农户收入获取过程中所付出的相关费用和成本。笔者在实地调研中发现，收入较低农户的成本与收入比已日趋合理，与之前所做的针对普通农户收入成本的相关研究相比也并不处于绝对劣势，收入获取效率已经得到显著提升。收入知识性虽然也没有国家相关部门的宏观数据支撑，但通过对西部各省份的相关信息梳理可以发现，各省份均高度重视农户技能提升工作。很多乡村振兴示范县纷纷结合本地区产业发展实际，开展了

适合农户快速掌握的相关技能培训，很多地区甚至还出台相应政策，成立农户技能提升工作专班来推动该项工作的高质量开展。根据很多地区针对农户的调研以及相关报道，一些农户的工作技能确实得以提升。笔者在针对陕西省榆林市 Q 县的实地调研中也发现，农户的工作技能较乡村振兴工作开始前已经有了很大程度的改善。很多农户正是依靠工作技能的提升，摆脱了自身的收入较差的状况。

我国由于地域辽阔，东、中、西部各地区经济发展状况并不一致，总体上形成了东部快、中部稳定、西部发展较慢的经济发展格局。在西部地区，由于地理跨度较大，西部省份的发展水平和发展速度也有较大的区别，相对地，西部农村的经济发展状况也有一定的差异性，且相较东部、中部地区而言其发展程度相对偏低，在进行农户收入质量各个维度的测度时，不同省份的各个维度的特性也有相对较大的差别。

从收入的充足性方面可以观察到，随着时间的推移和金融支持政策的逐步实施，西部各省份的农村地区的人均可支配收入都有了显著的增加。分省份来看，2013~2019 年，广西、重庆、四川等地农户的人均收入高于平均水平，贵州、云南、甘肃和宁夏均低于平均水平，而陕西位于平均水平上下浮动。参考教育等方面支出的相关数据，从整体观察可以得到，西部地区在提升农户收入数量、满足收入充足性方面还具有很大的提升空间。从收入的增长性方面可以看出，不同省份的农户收入增长的稳定性不同，以 2017 年为分界线，在2017 年之前促进各省份农户收入可持续增长的动力逐年减弱，2017 年之后虽然农户的增收动力开始回升，但各省份由于经济基础以及经济发展的侧重面不同，回升幅度不一致，总体上还表现出较大的波动性，西部一些省份尚未形成促进农民增收的长效稳定机制。从收入的结构性方面可以观察到，在构成农户收入的主要成分中，西部地区农户呈现出经营性收入占比高，工资性、财产性以及各种转移性收入占比过小，收入结构不平衡，西部各省份农户的获取各类收入的能力具有一定的差异性，农户收入的结构性水平还需进一步的改进。从收入的成本性和知识性相关内容可以看出，西部各省份针对降低农户收入获取成本、提高其工作技能均做了很多工作，但结合实地调研结果可以观察到，目前我国农户收入正在快速变化，农村经济正处于变化的前夜。随着数字技术、农村电商等新兴产业的应用和普及，农户收入的成本性和知识性会有更多的变化，应持续关注。综上所述，我国西部地区农户的收入质量各个维度差异较大，发展还不均衡，应继续加强对西部地区农户收入各个维度的重视程度，促进我国西部地区农户收入质量的持续提升和发展。

7.1.4 直接金融支持政策对西部农户收入质量具有影响

本书研究发现，涉农贷款政策正向影响农户收入质量，农业生产保险政策对于农户收入质量的影响尚需进一步研究。具体而言，尽管针对农户的贷款种类很多，有小额信用贷款、花椒贷、猕猴桃贷以及在还款期限、利息率等方面具有特殊优惠的生产贷款等多种类型，但本质上都是通过对农户进行资金注入，帮助其破解由于资金缺少所造成的收入获取乏力的难题，因此本书在研究过程中将这些具有不同特征的贷款服务统一归为一类。研究结果表明，获得涉农贷款的农户收入质量充足性、增长性和知识性维度相较于一般农户普遍更高，对于农户收入质量提升具有重要促进作用。具体而言，由于涉农能够促进或者帮助农户开始从事新的领域，或者扩大已有生产规模，进而给农户带来新的收入来源，使得这部分农户获得之前没有的收入来源，因此有助于农户收入充足性的提升。尽管由于之前的收入基数较小，几乎所有的农户近些年收入均有明显增长，但是因为刚刚进入新的行业，很多业务还在发展过程中，加之政府扶持力度很大，因此贷款农户收入较之普通农户增长更快。收入知识性方面，由于贷款使得农户进入新的产业领域，或者扩大已有生产经营规模，农户有平台、有机会将之前已经了解到的工作技能运用于实际操作，并且随着生产实践的不断深入，不断提升自身工作技能，因此涉农贷款对于农户收入知识性的提升具有促进作用。涉农贷款对于当前农户收入的结构性和成本性不具有显著影响，其原因有多方面，最重要的原因是随着当前我国乡村振兴工作的深入开展，无论是否获得涉农贷款，农户转移性收入在总收入中的占比都有所降低，收入成本比均有较为明显的下降，加之一些农户刚刚进入新的产业，按照企业生命周期理论，相信伴随着持续的深耕，规模效应会逐步体现，贷款对于农户收入成本性的影响也会逐步体现。

农业生产保险对于农户收入质量的影响尚需进一步研究。研究发现，农业生产保险对农户收入质量各个维度均不构成显著影响，与预期假设不符。究其原因，一方面主要是目前农业保险更多还处于保成本阶段，在很大程度上只能保障农户的农业生产经营不至于蒙受太大损失；对于保收益、保障农户农业生产经营利润方面的相关工作还有很大开展空间，很多地区的保额也明显不够。另一方面是因为当前农业保险还没有达到促使和激发农户大规模开展农业生产的阈值，加之受到土地规模、农地流转便利程度、家庭经营决策等种种主客观因素的制约，使得多数农户没有因为有农业生产保险的相关保障，而扩大农业生产规模，继而获取更多的农业经营收入或者形成新的收入来源渠道，最终使得农户收入的增长性、结构性、成本性以及知识性失去了改善的基础。但需要强调的是，在调研过程中，一部分农业生产经营规模较大的农户表示，农业生产保险对于保障其农业生产经营的有序进行具有重要意义，尤其是面对生产经营中一些未知且不可控的天气风险、市场风险时，还是能够起到一定的保障作用，当然在保障力度及理赔等具体服务程序上还可以进一步优化和细化。

7.1.5 间接金融支持政策对农户收入质量具有显著影响

梳理西部各省份的金融支持政策，大多涉及对当地企业提供融资支持等内容，正如前文所提到的那样，通过对经济欠发达地区相关企业进行金融支持，帮助它们更好更快发展，期望伴随着这些企业或组织经营利润的提升，带动为这些企业工作或者为这些企业提供生产加工原材料的农户收入质量的提升。换言之，这些政策的出台的初心是为了通过扶持当地企业的发展，来为当地农户增收提供机会，那么有必要就这一做法是否能够真正为当地农户收入质量的提升起到推动作用来进行分析。但在研究中发现，由于现有宏观数据极为缺失，官方也没有公布过与这些企业相关的农户收入质量数据，造成宏观研究数据难以获得。需要强调的是，本书的研究内容是金融支持政策对于农户收入质量的影响，并不涉及金融支持政策如何影响当地相关企业发展，即某项针对企业等组织的金融支持政策对于企业生产经营起到怎样的促进作用，以及还有哪些不足，应当如何改进。本书尤其是本部分研究出于一个总体前提，即针对企业、专业合作社等法人机构的金融支持政策，能够对其发展起到促进作用。从已有的各地乡村振兴总结报告中可以看出，这一前提具有非常充分的现实基础。在这一前提下来讨论间接金融支持政策对于农户收入质量的影响，这方面所选取的典型人物均为与接受金融支持政策帮扶的当地有关企业或专业合作社业务开展有关的农户。

　　具体到对农户收入质量的影响，可以分维度来看：收入充足性方面，由于金融支持政策能够帮助企业业务发展，进而能够为更多的农户提供工作机会，帮助他们获取工资性收入，同时还有些企业对于当地农户的农产品进行收购，甚至与一些专业合作社签订收购协议，使得这部分农户的农产品销售较以前更有保障，因此收入充足性得以提升；收入增长性方面，由于农户参与到企业的生产经营后，一方面能够获得一份工资性收入，另一方面很多农户还会将自己所生产的农产品当作原料卖给所在企业，进而使得自身收入受到市场波动的影响降低，收入状况较以前有大幅度提高，更加稳定，因此收入增长性也有所提高；收入结构性方面，由于农户与工厂或者合作社合作，能够有效提升自身的工资性收入或者经营性收入，还有些农户像收入增长性中提到的那样，可同时获得工资性收入和经营性收入。此外，有一些专业合作社和企业，会根据当年的生产经营状况，对相关的农户进行分红，一些农户也由此提高了财产性收入，这使得转移性收入这一由政府主导的收入来源在农户总收入中的占比大大降低，这一指标的降低表明农户能够自主获取更多收入，"造血"能力大大加强，改善自身生活水平的步伐也较以前有所加快。收入成本性方面，多数农户表示，伴随着本地相关企业的快速发展，不用再外出务工，工资获取距离的改变使得收入获取成本明显降低，并且能够经常与家人见面和沟通，家里的大小事宜也可以及时处理，很多调研中接触到的农户都发自内心地感慨"这下在家门口就有班上，有钱挣了，真是太好了，真心感谢党"，缓解了之前由于外出务工，长期见不到家人所带来的心理焦虑。加之得益于政府有关部门和社会各界多年的宣传和号召，很多企业针对农户自由可支配资金相对较少的特点，为农户提供宿舍以及用餐补助，甚至还有些企业对农户在本企业务工期间的食宿全部免费。以上这些具体举动，极大地降低了农户在收入获取过程中的交通成本、生活成本甚至还有亲情成本，收入成本性得到改善，收入获取效率有所提高。收入知识性方面，和直接金融支持相类似，由于有机会能够直接在新的收入回报更高的行业开始工作，农户能够有机会学习到新的工作技能，或者将自身之前通过政府所举办的技能培训班或者其他机会学习到的工作技能通过实践进一步深化和强化，提高自身的工作技能，进而提高了自身收入的知识性。

7.1.6 农户收入质量对其信贷需求具有显著影响

研究表明，通过获得涉农贷款这一直接针对农户所开展的金融服务确实能够提高农户收入质量，但经过几年的发展，农户对于贷款的印象和认识更为直接，很多农户通过涉农贷款等手段，提高了自身的收入数量，并在这一过程中，自身收入质量也有所提高。但不能忽视的是，贷款毕竟会给农户造成一定的还款压力，尽管从实际来看，这一压力有助于督促和激发农户产生主观能动性，但也给农户造成了一定的、不能完全忽视的心理负担，尤其是在脱贫攻坚工作已经顺利结束，农户生活水平已经有了大幅度提高的情况下，对于贷款风险有强厌恶性（黄祖辉，2007）且已经获得涉农贷款服务的农户，对于贷款服务的满意度如何？是否还愿意继续获得涉农贷款？这关系到涉农贷款服务能否长期在经济欠发达地区扎下根、农村金融服务对于经济欠发达地区经济发展的带动作用能否长期发挥、金融支持等金融惠农政策是否可持续等一系列深层次问题。而影响农户贷款满意度的因素有哪些？收入质量各个维度在其中的影响又具体是怎样的？这是一个值得研究和关注的问题，因此本书针对这一问题展开了实证研究。在变量设置时，考虑到经过多年的乡村振兴工作的开展，农户获得了实实在在的收益，对政府的满意度、对政策的满意度均有极大提升，为防止数据出现同质性，在调研时询问了农户在此次贷款服务周期结束后是否还愿意继续获得涉农贷款服务。研究结果表明，成功获取过涉农贷款的农户大多对金融机构的相关贷款服务表示满意，并且愿意继续获得涉农贷款。收入质量对于其继续获得涉农贷款意愿具有显著影响。收入充足性方面，该变量对于农户是否继续获得涉农贷款服务具有显著正向影响，主要是因为充足性较好的农户，一方面从贷款申请中获得的收益更加直接，另一方面家庭也有一定积蓄可以进行扩大再生产，因此贷款意愿更加强烈。收入增长性方面，增长性较好的农户对于继续贷款的意愿也较强烈，原因是近些年收入保持快速增长的农户，对于未来的预期更加积极，改变自身经济状况的决心和意愿更加强烈，从贷款中获得的收益也较多，也愿意继续通过贷款这种途径来帮助自身获取更多的收入。收入结构性方面，转移性支付占比越低的农户，由于其收入自主获取能力较以前有明显提升，对于可能存在的经营风险，规避和把控的能力及自信也越高，因此容易产生继续贷款意愿。收入成本性对于贷款意愿的产生没有显著影响，主要是目前农户之间的收入差距还不大，很多农户也是刚刚投入新的产业，规模效应还远远没有形成，并且政府和社会各界对于降低农户收入成本的关注度也较高，使得大部分农户的成本与收入比基本处于相似水平，具有一定同质性。收入知识性方面，知识性越好的农户，对于自身收入获取能力更有把握，同时学习力也更强，对于自身所处行业或者想投身的相关行业的认识也更加全面，对于前景的预测也更加准确，在我国推进乡村振兴战略向纵深发展，欠发达的地区产业大力发展的背景下，更容易继续产生贷款需求。需要强调的是，在调研中发现，农户对于市场风险的担忧较前些年笔者的调研结果有了明显的下降，这主要是得益于近年来乡村振兴工作的扎实开展，使得农户的风险抵御能力得以提高，并且伴随着欠发达地区逐渐成为产业发展的热土，其内心对于风险的恐惧也能得以很好的消解。

7.2　政策建议

多数学者指出，金融支持政策的有效实施能够促进农户收入状况的提高和改善，因此制定积极有效的金融支持政策，对不适应当前经济发展形势和区域发展特色的金融支持政策进行必要的改进不仅有利于我国农村经济的发展，而且对促进我国农村农户更加积极主动地参与创业和投资活动、切实提高农户收入质量具有非常重要的意义。在调研中也发现，一些农户的信贷需求还难以满足，信贷约束还不同程度存在，农村金融服务水平还有提升空间。因此，为了进一步提高农户的收入水平，充分发挥金融支持政策效用，促进农户收入质量提高和农村经济的长期稳定发展，本书结合之前各章节研究得出的主要结论，通过分析我国现行金融支持政策的不足之处提出如下政策性建议。

7.2.1 细化相应金融支持政策，关注农户收入质量

收入数量是农户收入状况最直观、最明显的指标，在我国很多地区的乡村振兴评价和考核中，均占有重要地位，各级政府对农户收入数量也极为关注，尤其是在贯彻中央不发生大面积返贫的重要要求下，农户收入数量的重要性不言而喻。但不应忽视的是，单纯关注农户收入数量，有可能给现实工作的开展造成滞后性。因为如果农户收入数量已经明显下滑，那说明很多农户的收入状况已经恶化，已经取得的成果在一定程度上已经消失。之前理论界以普通农户为调研对象的相关研究表明，收入质量对于农户的贷款需求、贷款用途、贷款渠道选择、贷款可获得性、还款期限以及创业意愿等具有显著影响，而笔者在研究过程中也发现，农户收入质量对其经济行为也同样具有重要影响。因此，在继续加大对农户收入数量关注的同时，金融支持政策应当关注农户收入质量属性。尤其是伴随着脱贫攻坚工作的全面顺利收官和乡村振兴战略的不断深入，广大农村地区尤其是经济欠发达地区的面貌正在发生重要变化。在这一过程中，政府和社会各界对农户收入质量方面的动态和发展趋势应加以关注。本书的研究结论也指出，涉农贷款对于当前农户收入的充足性、增长性和知识性有正向影响，对于结构性和成本性的影响尚不显著。但在结论中也强调，随着农村工作的开展，农户收入结构和成本有较大可能发生变化，涉农贷款等金融支持政策，也应当有一定预见性和前瞻性。

具体而言，收入充足性方面，该维度是农户收入状况的直接体现。根据消费行为理论和边际理论，伴随着农户收入数量的提高，消费意愿和消费能力均会得到很大程度的强化和提升，其家庭开支较以前有可能会有一定程度的提高，在这一过程中，农户的收入充足性有可能发生变化。收入增长性方面，该维度直接体现农户收入数量变化情况。由于国家的大力投入和西部地区经济发展基础相对薄弱，以及在乡村振兴开始之前，农户自身收入状况也不够理想，

因此最近几年农户收入增长较快，成果喜人。但伴随着国内外经济发展下行趋势日益增强等因素的持续影响，并参考增长理论的相关观点，农户收入增长不会在相当长的时间内保持高速增长，当收入增长性下降，或者由于某些突发原因相较于一些专家学者的预期提前下降，并长期徘徊不前，有可能引起农户收入状况的变化。收入结构性方面，该维度直接体现农户自主获取收入情况。近些年对于收入结构的考察更多从转移收入在农户总收入中的占比角度来衡量，如果农户收入数量得到长期稳定的提升，这一指标有可能一直处于低位运行，但如果在发展过程中遇到一时难以克服的阻碍，这一指标还有可能出现反复。同时对于农户的工资性收入、经营性收入和财产性收入之间的比例关系也应当加以关注，尤其是在一些脱贫成果巩固程度较高的地区，继续使用转移收入在农户总收入中的占比这一指标进行观测可能会导致对农户收入已经发生的变化反应迟钝。收入成本性方面，该维度直接体现农户收入获取效率。近些年由于社会各界的大力宣传，很多企业都对农户在务工时期的生产生活成本进行相应的补贴，政府和相关组织也会对农户的种植经营投放幼苗、幼崽等，尽力降低其生产成本。但随着西部地区产业发展越来越快，各类支出较从前均会发生一定程度的变化，很多补贴补助虽然现在依然还存在，但是否会在相当长的一个时期内一直存在还很难说。当这些来自农户掌握、控制范围之外的相关有利因素发生变化时，农户收入获取成本有可能发生改变，农户获取收入的难易程度有可能出现反复。收入知识性方面，该维度直接体现农户收入获取能力。

习近平总书记强调乡村振兴包括产业振兴、人才振兴、文化振兴、生态振兴和组织振兴，其中人才振兴就包含着提高农户收入获取技能的要求。近年来各级党委和政府均高度重视农户收入获取技能的提升，结合本地区资源禀赋特点，针对农户举办各种培训班，大力开展技能培训，很多参加技能培训的农户，其工作技能也确实得到了很大程度的提升，自主获取收入能力也得到了很大幅度的加强。但不应忽视的是，由于多数农户受教育程度相对较低，理解能力、学习能力乃至执行能力都存在一定的不足，目前所掌握的收入获取技能很多也并不具备较高的技能含量，属于较容易掌握和"上手"，也没有太高的技术壁垒，因此这些农户在市场上的可替代性相对较高。尤其是随着我国产业结构升级，智慧农业、数字农业等现代农业类型在农村大量普及，必然会要求农户掌握更多知识和技能，对农户的学习力也会提出更高的要求，倘若届时农户的相关工作技能没有及时更新和提升，则其收入状况有可能受到影响。

以上这些关于农户收入质量可能在未来几年发生的变化，应引起金融支持相关部门必要的重视，未雨绸缪，及早化解可能出现的负面状况。例如，针对农户收入充足性可能出现的问题，应出台相关金融知识宣传政策，加大在农村地区的宣传力度，引导农户树立正确的消费观，对于消费升级也倡导逐步推进；针对农户收入增长性可能出现的问题，应进一步结合本地区客观实际，加强调研力度，出台针对性更强、推动产业发展的金融支持政策，加快产业结构升级，促进当地产业发展，大力开拓国内国际市场，促使农户收入持续、稳定地增长；针对农户收入结构性可能出现的问题，在继续加大各项收入比例的同时，进一步关注农户获取工资性收入和经营性收入过程中所面临的新情况、新问题，出台金融方面相应保障和扶持政策，逐个分析并解决；针对农户收入成本性可能出现的问题，应当进一步引起重视，相关部门应联合统计部门，监测农户收入成本的相关数据，并动态调整相关融资优惠政策，确保农户收入获取效率稳定在一个合理区间；针对农户收入知识性可能出现的问题，金融部门应结合当地产业发展现状和前景，结合自身业务特点，出台系统性的培训政策，继续加大相关技能培训力度，并针对农户的认知特点，不断改进和完善相关培训内容，创新培训方式，帮助农户更好更快掌握相关技能。当然，切实可行的应对方案还应当根据各地区的实际情况、发展动态以及当地农户收入质量的变化趋势来具体分析和制定。

7.2.2 加大农业生产保险政策保障力度

在经济欠发达地区开展农业保险是金融支持的重要工作之一，尤其是在经济欠发达地区开展的人身保险解决了很多农户的医疗支出问题，为"拔穷根"起到了不可忽视的作用。但针对农业生产保险目前的开展现状，还有很大的提升空间。本书从理论分析角度论证了农业生产保险对于农户收入质量的影响机理，表明农业生产保险从理论上讲应当对于农户收入质量产生正向影响，进而对农业生产规模、乡村振兴战略均产生较强的促进作用。但在实证分析中发现，农业生产保险对于农户收入质量的促进作用还没有得到一定程度的体现。原因当然有方方面面，其中，由于目前的农业生产保险更多意义上还停留在"保成本"阶段，尽管有些保险提出保障价格指数，但农户的理解力有限。此外，很多农业生产保险产品的保额较低，无法对农户收入充足性给予重要的保障，无法触发农户扩大农业生产的阈值，进而使得其对于农户的收入增长性、结构性、成本性以及知识性等收入质量其他维度的影响难以发挥。基于此，为充分发挥农业生产保险对于农户收入质量提升的带动作用，保障农业生产保险能够进一步促进乡村振兴战略向纵深推进，可以考虑从以下几个方面着手：

首先，将农业生产保险的保障目标从保成本升级至保价格。当前很多农业生产保险的目标就是保成本，使得农户的农业经营收益没有得到很好的保障。笔者在调研中也发现，当前农户的收入获取成本，包括农业生产经营成本，已经得到社会各界的很多支持，尽管其绝对数额还没有达到能够完全忽略不计的程度，但已大幅下降。调研中还发现，对于绝大多数农户而言，经济成本并不是他们是否决定进行农业生产的首要因素，从事农业生产所耗费的时间和精力，以及农业生产所能够带来的经济效益才是他们认真考虑的内容。诚然目前保险公司对于农业生产保险的目标已经逐渐在往"保价格"方面靠近，如推出价格指数保险、"农产品+期货"保险等，都是为了在现有条件下进一步保障农户农业生产经济收益，保障其从事农业生产经营的积极性。但毋庸讳言的是，这些针对农产品价格的相关保险距离农户期望还有差距，尤其是在当地产业已有所发展、从事非农生产更加便利、工资性收入获取无论是经济成本还是亲情成本均有显著下降的情况下，农业生产保险"保价格"仍任重道远，它对于贯彻落实中央相关精神、稳定农业生产、吸引更多农户从事农业生产具有不能忽视的作用。

其次，进一步加大对农户服务的力度。之前课题组对于不同类型的金融机构在进行调研时发现，相较于国有银行，我国保险机构的市场化程度更高，对于利润业绩的考核更为强调和突出。而针对经济欠发达地区的农业生产保险服务相较于在城市开展的人身保险、车辆保险等保险业务，其利润率可能并不具备单纯经济学意义上的吸引力，而考虑到交通成本、宣传成本以及与农户之间进行沟通的时间和精力成本，业务开展的总成本则相对较高。当然经过从党中央到各级政府持续多年的政策导向和引领，保险公司开展农业生产保险的积极性有了空前的提高，很多保险公司还将农业生产保险的开展情况纳入考核，并且针对农户的相关特点，优化和简化了很多业务的开展步骤，但对于农户收入的促进作用仍没有很好的体现。除上一条所说的仍处于"保成本"没有上升到"保价格"之外，即使是目前的"保成本"也由于保额较低的问题并没有达到农户对于此类保险业务的预期，正如前文提到的那样，很多地区包括水稻等农产品的保额过低，不能完全对冲农户农业生产所产生的风险。因此应考虑运用多种方式，如保险公司加大保障力度、结合不同地区农户收入状况，对保险产品进行创新和升级，力求达到风险价值和农户购买力之间的均衡点；一些保险公司可以进一步提升开展农业生产保险的积极性，在内部成立专门的负责机构，专门负责对农户开展相应业务；同时为有效降低保险公司农业生产保险业务开展的经济负担，并考虑到经济欠发达县域的财政状况往往也不够宽裕，经济欠发达地区所在的省级或市级财政也可以进一步加大地方特色农产品财政保费补贴力度，缓解保险机构承保压力，促进各类保险服务推广和升级。

最后，进一步加强保险政策宣传，促进不同类型保险在农村地区推广。由于农户理解能力、金融知识积累、学习效率等方面原因，加之一些保险政策内容过多，使得很多农户对于包括农业生产保险在内的很多保险政策的了解还不够充分，没有达到一定水平，个别保险的推广人员在进行保险业务推广时，或许也存在一定的表达问题，使得一些农户对于保险政策理解不到位。此外，乡村地区更加接近于传统意义上的熟人社会，人们对于自己不熟悉的事物，往往更愿意相信身边人的评价，当真正发生相应问题，需要进行理赔，却没有达到理赔标准被拒赔时，尽管保险公司的做法合理合规，不存在任何程序上的瑕疵，但由于农户的不理解，客观上会影响到农户对于保险的评价水平，长期如此会影响保险对于农业发展的促进作用。因此，政府和相关金融机构应进一步加大推广宣传力度，结合不同地区农户喜闻乐见的形式，在引发农户兴趣的前提下，开展政策宣传工作。

7.2.3　将收入质量状况纳入授信政策当中

研究结论表明，涉农贷款对于农户收入质量提高具有显著的促进作用，对于巩固脱贫攻坚成果，意义重大。当前的涉农贷款政策，能够很好地帮助有条件致富的农户解决长期困扰他们的"缺乏发展资金"的问题，得到了农户的好评，很多收入质量较高的农户也愿意在当前的贷款还清后继续申请涉农贷款服务。但不应忽视的是，当前的农村贷款政策还有一些值得完善的地方，应加大对于农户金融需求动态的关注度。正如前文在评价中所提到的那样，一方面，在经济欠发达地区还存在一定的供给型信贷约束。尽管很多经济欠发达地区金融机构主管部门都强调要对农户的贷款意愿尽量满足，"应贷尽贷"，但仍然有个别农户由于之前有过失信记录等原因无法成功申请到贷款，有些地区也强调对于农户之前的失信行为应当进行甄别，区别对待，确因客观因素导致的失信行为不应作为不给农户发放贷款的理由。但毕竟这些农户失信的原因是复杂的，也没有一个"放之四海而皆准"的鉴定标准来对农户的失信原因进行界定，这客观上导致这些农户的借贷意愿长期无法充分满足。而非正规金融融资渠道应用在农户融资领域应更加谨慎，主要是因为相对于正规金融渠道而言，非正规金融渠道往往利息负担较重，相关程序也不够规范，在一些地区还曾经产生过一些社会问题，并引发舆情。同时农户尤其是有失信记录的农户，其还款能力和风险承受能力相对于普通农户而言更低，因此为有效控制农户家庭财务风险，正规金融机构在条件允许的情况下，还是应当尽量创新服务模式，在采用担保等形式提高农户贷款可获得性的同时，将农户收入质量等特征纳入授信过程中来，满足农户的贷款需求问题。另一方面，在调研中也发现，伴随着收入状况的好转，有些农户也逐渐产生生活型贷款需求。而现有的涉农贷款政策，更多出于风险规避以及促进农户收入增长等目标的考虑，主要关注农户的生产型贷款需求，对于生活型贷款需求的关注度还相对较低。尽管接受过持续多年的金融政策的讲解和宣传，绝大部分农户对于信用等现代金融的相关概念已经有了较为深入的了解，不会擅自变更贷款用途，更不会通过瞒报贷款用途的方式（即将生活型贷款需求变更为生产型贷款需求）来获取贷款，但生活型贷款需求如果长期得不到正规金融机构的足够重视，无法通过正规渠道解决，则有可能会引起很多新的社会问题。根据课题组之前的相关研究以及本书针对农户收入数量与收入质量关系的有关分析，收入数量和收入质量之间具有极强的相关性，因此可以考虑对于一些收入质量情况较好的农户开展一定的生活型贷款服务。

7.2.4 细化社会资金参与激励政策，提升农户金融认识

2018 年 2 月，习近平总书记在打好精准脱贫攻坚战座谈会上强调，要"吸引社会资金广泛参与脱贫攻坚，形成脱贫攻坚资金多渠道、多样化投入"。

一方面，金融机构主要是通过为农户提供信贷资金和保险保障等途径支持农户收入增长，资金的合理配置和资源的有效流动构成了促进农村地区经济发展的重要活力源泉，然而本书研究发现，在一些经济欠发达的地区，金融机构尚未完全发挥出其经济的支持效应，多数地区由于经济不发达，资本回报率还不够高，金融参与主体仅局限于较少的参与主体。对此应另辟蹊径，在经济回报较少时，综合运用荣誉激励等多方面举措，进一步细化相应激励政策，在保证金融体系运行安全的前提下，积极引导中小型金融机构参与金融支持，同时给予村镇银行等小型金融机构以特殊的优惠和减免政策，建立起专门的财政资金补贴机制和风险监督管理机制，使其可以更好地为农村弱势群体服务，解决农户由于资金短缺的掣肘而发展困难的问题。换言之，应积极引导更多金融机构实现规范、有序式发展，实现各类金融机构之间的相互配合和协同合作，对提高金融市场金融服务的效率、形成经济欠发达地区经济发展的良性循环很有必要，可以为农村地区的经济发展做好后备保障。另一方面，从农户参与主体来看，经济欠发达地区农户大多都不具备充足的金融知识，对金融支持政策的了解程度不够全面，相应地，对金融机构的信任度不高，农户不会主动参与到金融机构的政策扶持和政策服务中去，缺乏参与的积极性和主动性，调研中很多农户对于保险等金融业务的认识不够深入。因此，相关部门应出台针对农户金融知识提升的相关政策，加强对农村农户基本金融知识的宣传和金融意识的培养，使农户可以对金融支持政策和产品有更加深入的认识和了解，增强其对金融机构的信任程度，引导农户积极主动地参与金融支持服务，根据自身经济情况和实际需求选择最适合的金融产品，最终不仅可以达到减轻农户生产生活压力、提高农户家庭收入数量和提升收入质量的目的，还可以加强农户与金融机构之间的有效沟通，帮助金融机构更好地了解农户的真正需求，从而设计出更加有效、针对性更强的金融支持产品，间接提高金融机构金融服务的质量，推进金融系统的优化和完善。

7.2.5 进一步创新金融支持政策实施路径

2021年，习近平总书记在对全国脱贫攻坚奖表彰活动作出的指示中强调："（实现农村贫困人口全部脱贫），需要不断改革和创新扶贫机制和扶贫方式。"本书研究发现，目前依然存在的信贷约束使得部分农户难以享受到更多的金融服务。应当针对一些出于风险防控考虑确实难以参与贷款等金融业务的农户出台相应的金融支持政策，创新金融服务模式，提升农村金融服务水平。诚然，一个地区的金融发展水平与该地区的经济发展程度息息相关，我国西部地区经济发展水平落后，金融机构覆盖面较窄、金融产品类型单调、金融支持模式单一，这些都在一定程度上限制了我国西部地区农户取得收入进一步提高的可能性，不利于金融支持政策效用的发挥，阻碍了我国农村经济发展的良性循环。创新金融支持形式，一方面是要从创新金融支持产品出发，创新金融机构的金融支持产品、增加金融信贷产品种类、丰富金融产品服务种类，想农民所想，做农民想做，从农户的现实处境和实际情况出发，研发和创新一系列可以切实满足农户金融需求的金融支持产品，引导金融支持资金的合理流动。同时应注意对参与金融支持的农户进行金融产品跟踪反馈，金融机构可据此对相关政策产品在使用过程中发生的各种问题进行针对性的改造和创新，从而达到显著提高金融支持效率的目的，使资金可以通过资源的合理配置发挥出最大效用，这不仅可以为农户进行生产和开展创业活动提供资金保障，有利于实现农业生产规模化和现代化，还对农户收入质量的提高和农村经济持续发展目标的实现具有激励和促进作用。另一方面是从创新金融支持服务模式出发，为农村地区的经济建设提供活力。可以针对不同区域的经济发展水平和特色优势产业情况制定不同的金融支持模式；对于自然灾害频发的地区可以采用"农户+信贷+保险"模式，对于地区的传统优势产业，可采用"农户+担保+金融机构+企业"模式。与此同时，考虑到我国乡村振兴问题的复杂性，创新农村价值链乡村振兴模式也是当下解决传统金融支持弊端的重要方法，应根据市场的发展将农户、各类正规和非正规金融机构以及农村企业综合纳入新型农村价值链乡村振兴体系中，达到显著提升乡村振兴治理能力的目的。为了支持一些地区畜牧业的发展，银行联合当地政府，创建了"银行+公司+合作社+农户"的订单式乡村振兴模式，这一创新性较强的乡村振兴模式为当地形成规模性产业体系、实现经济的跨越式发展提供了强有力的保障。在生产模式创新后，各地区可以充分结合互联网时代背景，尝试通过"农户+中介机构+电子商务""农户+合作社"等模式来进一步健全农村产业链的供销模式，帮助农户建立起从生产到销售的一整套的金融服务体系，充分发挥金融机构的第三方服务作用机制，通过金融机构的资源配置和整合，有效地增强农户的风险抵抗能力，保证农户收入的持续稳定增长，同时也能为农村地区的经济发展注入活力，为地方优势产业的巩固和发展提供有力的保障。

7.2.6 细化农村金融风险防控政策

习近平总书记于 2015 年在陕甘宁革命老区脱贫致富座谈会上强调，要"增加金融支持和服务，鼓励引导社会资金投向老区建设"。通过本书研究发现，无论是针对农户开展的涉农贷款等直接金融支持模式，还是针对当地农业企业及专业合作社所开展的融资帮助等间接金融支持模式，均能够对农户收入质量产生巨大的促进作用，对于脱贫成果巩固、不发生大规模返贫以及培养农户产生收入获取的"造血能力"、推动当地产业发展和农业三产融合均具有重要意义。这说明经过多年的乡村振兴工作开展，经济欠发达地区这一原先社会闲散资本不愿过多进入的地区，目前已经具备了金融资本进入的基础，农村金融对于经济欠发达地区经济发展的带动作用正在逐步释放。相信随着乡村振兴战略的稳步推进，经济欠发达地区基础设施建设等方方面面均会有显著提升，农村金融必将有更广大的施展空间。下一步可出台相关政策，引导农村金融部门结合各地产业发展实际，在智慧农业、数字农业、农村电商、农产品种植（养殖）业和加工业以及乡村旅游、采摘体验、农村民宿等农村三产融合等方面，发挥更加积极的作用。另外，伴随着回报率的增长，更多金融市场主体会参与到乡村振兴建设中，这在提高乡村建设活力的同时，也必然会带来一定的金融风险。由于长期不受到资本市场的重视，一直以来农村地区的金融风险相对较少，但目前相关的监管还有需要进一步完善的方面，之前发生在中部一些省份的村镇银行相关问题，就是在监管上出现漏洞，甚至引发舆情，这些负面问题应引起足够的重视。因此在大力发展农村金融的同时，应对可能产生的金融风险进行强有力的监管，出台更为细致、可操作性更强的金融监管政策，在可能的情况下，提高农户对这些机构的监督参与力度，促进农户收入状况进一步提升。

7.2.7　细化现有金融资源配置相关政策

本书研究发现，农村地区依然存在着信贷约束，一些农户的信贷需求难以满足，这其中的影响因素有很多，但农村金融资源供给仍有一定缺口，是不容忽视的一个原因。针对这一问题，除上文提到的应吸引更多金融机构投入外，还应细化现有金融资源配置相关政策。农村金融机构的主要运营模式是吸收农村市场上的农户储蓄，再将储蓄资金大规模地投入至资本和金融市场上获取收益，继而实现资金的有效流通和运转。但农村各金融机构由于其自身所具有的追逐利益最大化的行为意识，在资金的分配管理过程中，总是会倾向将资金投入更具有经济利益、更可能获取丰厚回报的途径，而忽略农村地区农户的真实货币需求，导致农户无法获得从事进一步生产生活的资金保障，也限制了农户的创业意愿和创业行为，从而阻碍了部分农户通过创业进行脱贫成果巩固和生活条件改善，不利于农村经济的长期稳定发展。鉴于此，一方面，各地方政府应结合地方经济发展的实际情况出台相应政策，引导农村各金融机构在进行金融资源配置时进一步向农村农户倾斜，进一步健全农村金融机构的资金监管和运营机制，规范农村金融机构的资源配置行为，助力金融信贷资源在农村市场上发挥最大的经济效用。与此同时，政府应逐步完善农村金融市场的运营规范性，保证农村具有良好的金融生态环境，这有利于改善金融服务，增强金融机构参与金融支持的积极性和主动性。具体地，可以对农村商业银行、农村信用社、农村信用合作机构的金融业务的服务范围进行规定，将其金融政策辐射范围限制在县域或者村域，防止储户存款资金外流、不能服务当地经济发展的现象出现，进一步建立健全农村金融发展的保障体系，以政府牵头、金融机构主导出台保护农村农户利益和合理金融行为的制度和政策，促使农村储户资金可以在最大程度上"反哺"农村，支持农村经济发展。另一方面，金融机构在进行资源分配时应更加注重使用深度，特别是在国家大力推进金融乡村振兴的背景下，为确保农户都能享受到金融支持政策所带来的红利，金融机构在加大政策覆盖广度的同时，增强政策覆盖深度也是一项重要措施。可以对农户进行定期走访，加强双方的交流和沟通，确保机构的资金可以实现专款专用，保证农户的生产生活水平真正得到提高。与此同时，可以根据地区实际情况设定专项贷款基金、特色农产品专项保险基金，保证农户从事正常生产生活的资金需求得到满足，运用各项财政政策和货币政策助力农村产业实现生产的规模化和现代化，助力有需求且有条件的农村企业进行股权和债券融资，合理运用金融政策工具，促进市场间金融资产的合理、高效流动，进而实现金融资源的合理配置。从农户方面出发，要进一步更新经济欠发达地区农户的观念，引导其主动参与金融支持服务，倒逼金融机构创新工作方式，制定符合农户经济利益的金融支持政策，加强金融机构为农村地区提供金融支持的主人翁意识，切实做到金融服务欠发达地区经济建设。

7.2.8　细化融资优惠政策，确保间接金融支持政策成效

习近平总书记强调，"我国经济发展的蛋糕不断最大，但分配不公的问题比较突出，收入差距……较大"。① 通过推动当地企业和专业合作社发展，帮助这些法人单位获取收益，能够给当地农户带来持续、稳定的收入，并且对于收入质量各个维度均有显著正向影响。但在调研中也发现，尽管农户收入有所提高，但相对于通过贷款自主创业而言，为企业或专业合作社工作或者为其提供原材料这种收入获取方式，农户对于收入的话语权更少，若没有制度约束，在企业内部有可能发生习近平总书记讲的"收入差距拉大"的现象。需要强调的是，尽管这一问题目前并不突出，但随着农户收入数量的上升，并且伴随着脱贫攻坚工作的全面胜利和乡村振兴战略的顺利实施，社会各界的关注度有所转移，那么对于农户收入在一段时间内增长较为缓慢的担忧并不能说是完全多余的。因此，应当对当地农业企业等法人组织的利润分配进行持续跟踪，企业在申请乡村振兴融资优惠政策时要求其对利润分配状况进行一定程度的披露，持续发挥小微企业党支部或者联合党支部作用，采用适当的方式对利润分配进行引导，使这些法人组织的决策层意识到，国家出台相应帮扶政策，对这些法人组织给予较社会其他企业或组织明显优厚相关政策的初心。就像前文中提到的那样，是以帮助这些法人组织发展为抓手，通过这些法人组织的发展，来带动当地农户收入的增长，绝不仅仅只是为了帮助这些法人组织的发展，因此这些法人组织的利润分配问题、财务公开问题以及其他一些涉及农户收入利益的问题，也应当依靠相应的规章制度来保障，而不仅仅是依靠于这些法人组织决策层中某个人或者某个组织的道德自觉，即自觉地将企业效益中的相当一部分拿出来改善农户收入状况。当然，这并不是说道德自觉不重要，不值得依

---

① 习近平. 以新的发展理念引领发展，夺取全面建成小康社会决胜阶段的伟大胜利，在党的十八届五中全会第二次全体会议上的讲话（节选），2015 年 10 月 29 日。

靠，只是说在有道德约束的同时，建立相应的利润分配机制，出台相关的管理和监督政策，进一步加大农户监督相关企业运营的力度，也并不完全是多余和没有必要的。相信这些制度的建立，将有助于实现各级政府对于农户进行间接金融支持的初心，即在推动当地产业发展进程、帮助这些法人组织获取收益的同时，让广大农户通过这类政策获得收入上的提高。

参考文献

［1］Alessandro Romeo, et al. Linking Farm Diversification to Household Diet Diversification: Evidence from a Sample of Kenyan Ultra-poor Farmers ［J］. Food Security, 2016, 8 (6): 1069-1085.

［2］Aviral Kumar Tiwari, Muhammad Shahbaz and Faridul Islam. Does Financial Development Increase Rural-urban Income Inequality? ［J］. International Journal of Social Economics, 2013, 40 (2): 151-168.

［3］Biglaiser Glen and McGauvran Ronald. The Effects of Debt Restructurings on Income Inequality in the Developing World ［J］. European Journal of International Relations, 2021, 27 (3): 808-829.

［4］Bojnec Štefan and Knific Kristina. Farm Household Income Diversification as a Survival Strategy ［J］. Sustainability, 2021, 13 (11): 6341.

［5］D. Gale Johnson. Can Agricultural Labour Adjustment Occur Primarily through Creation of Rural Non-farm Jobs in China? ［J］. Urban Studies, 2002, 39 (12): 2163-2374.

［6］Farrell E. Jensen. The Farm Credit System as a Government-Sponsored Enterprise ［J］. Review of Agricultural Economics, 2000, 22 (2): 326-335.

[7] Fatmanur Güder and Serdar Kurt. The Effects of Macroeconomic Variables on Income Inequality: Panel Data Analysis for BRIC-T Countries [J]. International Journal of Social Sciences and Education Research, 2018 (7): 501-513.

[8] Francesco Lorenzo and Mariarosa Scarlata. Social Enterprises, Venture Philanthropy and the Alleviation of Income Inequality [J]. Journal of Business Ethics, 2019, 159 (2): 307-323.

[9] Gershon Feder, Lawrence J. Lau, Justin Y. Lin and Xiaopeng Luo. The Relationship between Credit and Productivity in Chinese Agriculture: A Microeconomic Model of Disequilibrium [J]. American Journal of Agricultural Economics, 1990, 72 (5): 1151-1157.

[10] Jeanneneys G. and Kpodar K. Financial Development and Poverty Reduction: Can There Be a Benefit Without a Cost [J]. Journal of Development Studies, 2011 (1): 143-163.

[11] Joseph A. Schumpeter. The Theory of Economic Development [M]. Transaction Publishers, 1982.

[12] J. Peter Mattila. Job Quitting and Frictional Unemployment [J]. The American Economic Review, 1974, 64 (1): 235-239.

[13] Karvonen Sakari, et al. Assessing Health Gradient with Different Equivalence Scales for Household Income: A Sensitivity Analysis [J]. SSM – population Health, 2021 (15): 100892.

[14] Katsushi S. Imai and M. D. Shafiul Azam. Does Microfinance Reduce Poverty in Bangladesh? New Evidence from Household Panel Data [J]. Journal of Development Studies, 2012, 48 (5): 633-653.

[15] Marianne L. Bowers and Daniel E. Chand. An Examination of Wage and Income Inequality within the American Farmworker Community [J]. Journal on Mi-

gration and Human Security, 2018, 6 (3)：182-191.

［16］Menyelim Chima, et al. Financial Inclusion, Income Inequality and Sustainable Economic Growth in Sub－Saharan African Countries ［J］. Sustainability, 2021, 13 (4)：1780.

［17］M. Žiaková and V. Verner. Microfinance as a Tool for Poverty Reduction：A Study of Jordan ［J］. Scientia Agriculturae Bohemica, 2015, 46 (4)：172-180.

［18］Shahidur R. Khandker. Microfinance and Poverty：Evidence Using Panel Data from Bangladesh ［J］. The World Bank Economic Review, 2005, 19 (2)：263-286.

［19］Theodore P. Gerber. Getting Paid：Wage Arrears and Stratification in Russia ［J］. American Journal of Sociology, 2006, 111 (6)：1816-1870.

［20］艾小青，郝龙华，李国正．金融知识对城乡居民创业活动的影响——基于 CHFS 数据的实证分析 ［J］. 湖南科技大学学报（社会科学版），2021, 24 (2)：71-79.

［21］安虎森，汤小银．新发展格局下实现区域协调发展的路径探析 ［J］. 南京社会科学，2021 (8)：29-37.

［22］白建华，杨文凤，刘天平．民族地区易地扶贫搬迁村产业发展的困境与路径选择：以西藏察隅县 L 村为例 ［J］. 贵州农业科学，2021, 49 (7)：152-158.

［23］毕梦琳．农村电商对猕猴桃种植户增收效应研究 ［D］. 西北农林科技大学，2020.

［24］蔡宏宇，阳超．数字普惠金融、信贷可得性与中国相对贫困减缓 ［J］. 财经理论与实践，2021, 42 (4)：24-30.

［25］陈斌开，林毅夫．金融抑制、产业结构与收入分配 ［J］. 世界经济，2012, 35 (1)：3-23.

［26］陈娟，梁琬淞，王志章．农村非正规金融发展是否有利于农户脱贫？——基于 CFPS2018 数据的实证分析［J］．农村经济，2021（10）：80-89.

［27］陈林生，黄莎，李贤彬．农业机械化对农民收入的影响研究——基于系统 GMM 模型与中介效应模型的实证分析［J］．农村经济，2021（6）：41-49.

［28］陈曦．中国包容性金融发展的减贫效应研究［D］．天津财经大学，2020.

［29］陈新欣．延边州金融支持对农民收入的影响研究［D］．延边大学，2020.

［30］程广斌，王朝阳．创新属性、公共服务与城乡收入差距［J］．统计与决策，2020，36（21）：73-76.

［31］程名望，盖庆恩，Jin Yanhong，史清华．人力资本积累与农户收入增长［J］．经济研究，2016，51（1）：168-181+192.

［32］初昌雄．"双到"扶贫中的金融创新——"郁南模式"及其启示［J］．广东农业科学，2012，39（3）：204-206.

［33］邓锴，孔荣．收入质量对农民工信贷需求的影响研究——来自河南、山东、陕西的数据［J］．经济经纬，2016，33（1）：30-35.

［34］邓锴，赵丹，孔荣．收入质量视角下西部农户创业意愿调查研究［J］．经济与管理研究，2020，41（5）：33-43.

［35］邓永超．乡村振兴下精准扶贫中防治返贫的优化机制［J］．湖南财政经济学院学报，2018，34（4）：49-56.

［36］豆晓利．深度贫困地区金融扶贫创新绩效评估的实证分析——以小额信贷"卢氏模式"为例［J］．金融理论与实践，2019（7）：105-111.

［37］窦鹏鹏．农村电子商务对县域经济作用机制研究［D］．中国社会科

学院研究生院，2021.

[38] 杜兴洋，杨起城，邵泓璐. 金融精准扶贫的绩效研究——基于湖南省9个城市农村贫困减缓的实证分析 [J]. 农业技术经济，2019（4）：84-94.

[39] 杜永红. 乡村振兴战略背景下网络扶贫与电子商务进农村研究 [J]. 求实，2019（3）：97-108+112.

[40] 段忠贤，黄其松. 要素禀赋、制度质量与区域贫困治理——基于中国省际面板数据的实证研究 [J]. 公共管理学报，2017，14（3）：144 - 153+160.

[41] 范恒山. 推进城乡协调发展的五大着力点 [J]. 经济纵横，2020（2）：1-5+137.

[42] 高远东，张振，宫梦瑶. 社会资本在农户脱贫和防范返贫两阶段差异化作用机制研究 [J]. 现代财经（天津财经大学学报），2021，41（7）：75-92.

[43] 高越，侯在坤. 我国农村基础设施对农民收入的影响——基于中国家庭追踪调查数据 [J]. 农林经济管理学报，2019，18（6）：733-741.

[44] 郭磊. 甘肃榆中农村合作银行信贷支农问题研究 [D]. 甘肃农业大学，2018.

[45] 郭晓蓓. 金融支持精准扶贫路径探析 [J]. 当代经济管理，2019，41（11）：76-85.

[46] 国务院扶贫办开发指导司. 扶贫小额信贷典型案例 [M]. 北京：中国农业出版社，2021.

[47] 何仁伟，李光勤，刘运伟，李立娜，方方. 基于可持续生计的精准扶贫分析方法及应用研究——以四川凉山彝族自治州为例 [J]. 地理科学进展，2017，36（2）：182-192.

[48] 何学松，孔荣. 普惠金融减缓农村贫困的机理分析与实证检验

［J］. 西北农林科技大学学报（社会科学版），2017，17（3）：76-83.

［49］胡鞍钢，胡琳琳，常志霄. 中国经济增长与减少贫困（1978—2004）［J］. 清华大学学报（哲学社会科学版），2006（5）：105-115.

［50］黄媚. 东中西部地区金融发展对实体经济增长的门槛效应研究［D］. 广西大学，2020.

［51］康慧，张晓林. 农村居民收入质量对生活满意度的影响［J］. 经济问题，2019（4）：77-84.

［52］孔荣，王欣. 关于农民工收入质量内涵的思考［J］. 农业经济问题，2013，34（6）：55-60+111.

［53］李超. 外商投资、产业结构与城乡收入差距——基于状态空间模型分析［J］. 贵州财经大学学报，2019（1）：55-62.

［54］李成友，孙涛，王硕. 人口结构红利、财政支出偏向与中国城乡收入差距［J］. 经济学动态，2021（1）：105-124.

［55］李雅楠，谢倩芸. 互联网使用与工资收入差距——基于 CHNS 数据的经验分析［J］. 经济理论与经济管理，2017（7）：87-100.

［56］李阳，于滨铜. "区块链+农村金融"何以赋能精准扶贫与乡村振兴：功能、机制与效应［J］. 社会科学，2020（7）：63-73.

［57］廖红伟，迟也迪. 乡村振兴战略下农村产业结构调整的政策性金融支持［J］. 理论学刊，2020（1）：86-96.

［58］刘胜科，孔荣. 异质性农户创业意愿及其影响因素研究——基于收入质量视角［J］. 调研世界，2018（12）：23-29.

［59］刘长俭，奚宽武，黄力，靳廉洁. 中国交通+产业扶贫模式溯源、演变及展望［J］. 科技导报，2020，38（19）：77-87.

［60］芦婷. 我国普惠金融发展对减贫的影响效应研究［D］. 江西师范大学，2020.

[61] 么晓颖，王剑．金融精准扶贫：理论内涵、现实难点与有关建议[J]．农银学刊，2016（1）：4-7.

[62] 潘功胜．金融精准扶贫：政策、实践和经验[M]．北京：中国金融出版社，2019.

[63] 潘家恩，吴丹，刘坤．乡村要素何以会流——福建省屏南县文创推进乡村振兴的经验与启示[J]．中国农业大学学报（社会科学版），2022（1）：75-90.

[64] 彭艳玲，苏岚岚，孔荣．收入质量及其对农户创业决策的影响研究——基于鲁、豫、陕、甘4省1373份农户调查数据[J]．农业技术经济，2019（12）：56-67.

[65] 平卫英，罗良清，张波．我国就业扶贫的现实基础、理论逻辑与实践经验[J]．管理世界，2021，37（7）：3+32-43.

[66] 卿定文，王玉婷．我国集中连片特困地区扶贫模式案例比较及对乡村振兴的启示[J]．贵州大学学报（社会科学版），2021，39（5）：89-95+123.

[67] 人民日报海外版编辑部．习近平扶贫故事[M]．上海：商务印书馆，2020.

[68] 任劼，孔荣．基于验证性因子分析的农户收入质量研究[J]．重庆大学学报（社会科学版），2016，22（4）：54-61.

[69] 萨仁花．内蒙古金融支持脱贫攻坚与乡村振兴有效衔接探讨[J]．山西农经，2021（17）：188-189.

[70] 申云，李京蓉．乡村振兴背景下农业供应链金融信贷风险防控机制研究[J]．金融与经济，2019（2）：46-53.

[71] 申云，彭小兵．链式融资模式与精准扶贫效果——基于准实验研究[J]．财经研究，2016，42（9）：4-15.

［72］史俊仙，梅兴文．尤努斯模式与金融扶贫新路径［J］.中国金融，2019（17）：85-86.

［73］斯晓夫，严雨姗，傅颖．创业减贫前沿理论研究与未来方向［J］.管理世界，2020，36（11）：194-207.

［74］宋志立．贫困脆弱性研究文献综述［J］.经济研究导刊，2013（25）：184-186.

［75］孙承文，孙文月．乡村振兴背景下农产品电子商务发展存在的问题及对策研究［J］.农村经济与科技，2021，32（15）：146-148.

［76］孙继国，韩开颜，胡金焱．数字金融是否减缓了相对贫困？——基于CHFS数据的实证研究［J］.财经论丛，2020（12）：50-60.

［77］孙继国，孙茂林．金融服务乡村振兴的系统动力学仿真研究［J］.经济与管理评论，2020，36（2）：104-112.

［78］唐钧．后小康时代的相对贫困与贫困家庭生活方式［J］.党政研究，2021（3）：5-13.

［79］唐礼智．农村非正规金融对农民收入增长影响的实证分析——以福建省泉州市为例［J］.农业经济问题，2009（4）：76-79.

［80］佟大建，应瑞瑶．扶贫政策的减贫效应及其可持续性——基于贫困县名单调整的准自然试验［J］.改革，2019（11）：126-135.

［81］童静．新型城镇化、普惠金融对城乡收入差距影响的实证分析［D］.南昌大学，2019.

［82］汪彬．新时代促进中国区域城乡协调发展的战略思考［J］.理论视野，2019（5）：60-67.

［83］汪小亚等．资本市场服务脱贫攻坚案例研究［M］.北京：中国金融出版社，2021：3.

［84］王晨．电子商务背景下农产品营销问题研究［D］.长安大学，2020.

［85］王关玉．四川省助农取款服务点可持续发展研究［D］．西南交通大学，2019．

［86］王家斌，荆蕙兰．后扶贫时代青海涉藏地区的相对贫困及其治理机制构建［J］．青海社会科学，2020（5）：54-61．

［87］王竟俨，侯彦东．我国区域农业发展不平衡性分析——基于第3次全国农业普查数据［J］．江苏农业科学，2021，49（16）：246-251．

［88］王善平，孙正欣．互联网金融对减贫的福利效应［J］．财会月刊，2021（3）：145-151．

［89］王田田．数字普惠金融对农村居民消费结构的影响［J］．合作经济与科技，2021（15）：52-55．

［90］王欣，孔荣．农民工和农民、城镇居民的收入质量与横向公平比较——基于农民工自我感知调研［J］．软科学，2014，28（1）：110-114．

［91］王永静，李慧．数字普惠金融、新型城镇化与城乡收入差距［J］．统计与决策，2021，37（6）：157-161．

［92］王月，张强强，霍学喜．子承父业的再农化与乡村振兴［J］．农业经济问题，2022（10）：1-13．

［93］王志涛，徐兵霞．金融扶贫降低了贫困脆弱性吗？——基于CHFS微观数据的经验证据［J］．金融与经济，2020（9）：44-50．

［94］温涛，冉光和，熊德平．中国金融发展与农民收入增长［J］．经济研究，2005（9）：30-43．

［95］温涛，王佐滕．农村金融多元化促进农民增收吗？——基于农民创业的中介视角［J］．农村经济，2021（1）：94-103．

［96］吴本健，葛宇航，马九杰．精准扶贫时期财政扶贫与金融扶贫的绩效比较——基于扶贫对象贫困程度差异和多维贫困的视角［J］．中国农村经济，2019（7）：21-36．

［97］吴翀．稳定和完善家庭联产承包制的探讨［J］．江西农业经济，1995（5）：61．

［98］吴庆田，蒋瑞琛．农村地区金融包容性对农民收入的影响［J］．江汉论坛，2020（11）：31-38．

［99］习近平．论三农工作［M］．北京：中央文献出版社，2022．

［100］习近平．习近平谈治国理政（一至四卷）［M］．北京：外文出版社，2014—2024．

［101］习近平的扶贫足迹［M］．北京：人民出版社，2022．

［102］夏钰．陕西省农业银行精准扶贫模式研究［D］．西北农林科技大学，2020．

［103］肖开红，刘威．电商扶贫效果及可持续反贫政策建议——基于农户可持续生计能力视角的实证研究［J］．河南大学学报（社会科学版），2021，61（5）：41-49．

［104］谢金静，王银枝，郭园园．普惠金融的"KIVA模式"及其应用探析［J］．西南金融，2019（12）：70-77．

［105］谢康，易法敏，古飞婷．大数据驱动的农业数字化转型与创新［J］．农业经济问题，2022（5）：37-48．

［106］阳盼盼，郑晓曦，陈旺华，何立果．我国西部地区循环经济发展机制与路径研究［M］．成都：四川大学出版社，2015．

［107］杨公元，程淑佳，杨皓月．数字普惠金融的农民增收效应研究［J］．吉林工商学院学报，2021，37（1）：90-95．

［108］杨洪清．农村金融发展与农民收入增长关系的实证研究［J］．农村经济与科技，2017，28（9）：91-93．

［109］杨柠泽，周静．互联网使用能否促进农民非农收入增加？——基于中国社会综合调查（CGSS）2015年数据的实证分析［J］．经济纬，2019，

36 (5): 41-48.

[110] 杨钊. 金融精准扶贫的路径选择与实践演进 [J]. 武汉金融, 2016 (11): 60-62+66.

[111] 尹志超, 周洁, 岳鹏鹏. 生产性信贷约束、金融扶贫与家庭盈利 [J]. 财经问题研究, 2020 (7): 60-68.

[112] 于淼. 基于收入质量的农户正规信贷约束影响因素研究 [D]. 西北农林科技大学, 2015.

[113] 余海芳. 西藏易地扶贫搬迁存在困境及应对策略研究 [D]. 西藏大学, 2020.

[114] 余瑶. 我国西部地区农村电商扶贫的减贫效应研究 [D]. 江西财经大学, 2021.

[115] 袁易明. 农村居民收入分配的制度效应 [J]. 经济学动态, 2002 (5): 24-27.

[116] 曾福生. 后扶贫时代相对贫困治理的长效机制构建 [J]. 求索, 2021 (1): 116-121.

[117] 湛礼珠. 人际信任的自我削弱与熟人社会变迁 [J]. 华南农业大学学报 (社会科学版), 2022 (1): 118-129.

[118] 张李娟. 西部地区金融支持精准扶贫的难点与对策 [J]. 改革与战略, 2017, 33 (2): 51-54.

[119] 张林, 温涛. 农村金融发展的现实困境、模式创新与政策协同——基于产业融合视角 [J]. 财经问题研究, 2019 (2): 53-62.

[120] 张林, 温涛, 刘渊博. 农村产业融合发展与农民收入增长: 理论机理与实证判定 [J]. 西南大学学报 (社会科学版), 2020, 46 (5): 42-56+191-192.

[121] 张延群, 万海远. 我国城乡居民收入差距的决定因素和趋势预测

[J]. 数量经济技术经济研究，2019，36（3）：59-75.

［122］郑军，杜佳欣. 农业保险的精准扶贫效率：基于三阶段 DEA 模型［J］. 贵州财经大学学报，2019（1）：93-102.

［123］郑庆东. 习近平经济思想研究文集［M］. 北京：经济日报出版社，2022.

［124］中共中央党史和文献研究院. 习近平关于三农工作论述摘编［M］. 北京：中央文献出版社，2019.

［125］中共中央文献研究室. 习近平扶贫论述摘编［M］. 北京：中央文献出版社，2018.

［126］中共中央宣传部，国家发展和改革委员会. 习近平经济思想学习纲要［M］. 北京：人民出版社，2022.

［127］中国人民银行河池市中心支行课题组，谭建忠，骆伦良，罗永宣，覃玉珍，吴书宇. 金融支持扶贫产业发展与风险防控问题研究——基于广西模式视角［J］. 征信，2019，37（2）：73-78.

［128］周才云，李伟. 普惠金融助力精准扶贫的适应性、瓶颈制约与创新路径［J］. 理论探索，2017（6）：95-99.

［129］周丽娜. 连片贫困地区的脱贫路径及基本经验研究［D］. 广西师范大学，2021.

［130］周跃辉，公丕宏，王瀚锋，徐田华，葛宝森. 如何实现西部地区脱贫攻坚与乡村振兴有效衔接［N］. 学习时报，2021-07-30（07）.

［131］祝秋爽. 数字普惠金融对重庆农村居民消费结构的影响研究［D］. 重庆工商大学，2021.